엄마의 지팡이

국립중앙도서관 출판시도서목록(CIP)

엄마의 지팡이 : 행복 에세이 : 송심순 에세이 / 지은이 : 송심순.
-- 대전 : 오늘의 문학사, 2013

p. ; cm

ISBN 978-89-5669-552-5 03810 : ₩10000

한국 현대 수필[韓國現代隨筆]

814.7-KDC5

895.745-DDC21 CIP2013002032

엄마의 지팡이

송심순 에세이

오늘의문학사

❥ 프롤로그

에세이집을 펴내며

수필을 쓰기 위해서는 우선 수필이 무엇인가를 알아야 한다고 배웠습니다. 수필에 대한 정의야말로 수필을 어떻게 써야 하는가의 첫걸음이라는 것도 알게 되었습니다.

아직 그 정의에 다가가지 못한 채, 살아가면서 느꼈던 생각, 기쁨, 괴로움 등을 겪을 때마다 마음에 새기며 쓰기 작업을 시작했는데, 출간에 앞서 부족함이 몇 번을 망설이게 합니다. 아장아장 걸음마 배우듯이 일기처럼 써 두었던 것들을 다듬어지지 않은 모양으로 펼쳐 놓으려니 가슴이 두근거립니다.

새 봄입니다.

아직 꽃샘바람이 머물러 시샘을 하지만 햇살은 한결 포근해졌습니다. 봄이 오면 논두렁, 밭두렁에서 한해 농사를 구상하며 서성이던 아버지 모습이 먼저 떠오릅니다.

밥상 앞에만 앉으면 '부지런해라' '거짓말은 나쁜 것이다 정직해라' 는 당부하시던 아버지의 진지한 눈빛이 봄날의 아지랑이처럼 아른아른 그리움으로 다가옵니다. 어머니가 누워 계시는 병실에는 창틈으로 봄 햇살이 뚫고 들어와 봄소식을 알리고 있습니다.

무엇보다 내가 건강을 잃고 절망과 두려움에서 허우적거릴 때마다 다시 도전할 수 있는 용기로 보듬어주며 고요하고 평온한 길을 안내해 준 남편이 참 고맙습니다. 이 지구에서 변하지 않은 가장 큰 선물을 받았다고 생각합니다. 나의 버팀목이 되어 희망을, 때로는 실망을 안겨주던 딸과 아들은 바라만 봐도 든든합니다.

올봄 사월은 결혼한 지 33년이 되는 해입니다.

마침 남편의 회갑을 맞아, 내 감정이 오롯이 들어있는 세월의 흔적을 엮어서 첫 수필집을 출간하게 되어 더욱 뜻이 깊습니다. 수필의 정의를 알아가며, 쉼표 없는 열정으로 아름다운 글을 빚고 싶습니다.

하루하루가 달라지는 새봄, 냉이 국 한 그릇에 투박한 정을 나누고 싶습니다. 그동안 이끌어주신 스승님, 그리고 친지와 친구들께 고마움을 담습니다. 피어오르는 봄 햇살과 바람이 귓전에 스치며 소곤거립니다. 세상은 참 아름답다고.

2013년 새봄 아침.

저자 송 심 순

송심순 에세이

제1부 아버지의 땅

제2부 인생은 하프타임

제3부 뒤돌아온 세월

제1부

아버지의 땅

시골부엌

아침부터 천둥을 동반한 굵은 빗방울이 쏟아진다. 이런 날엔 시골에서 어머니가 해주시던 부침이 생각난다. 요즘은 가스 불에 언제든지 쉽게 해먹을 수 있지만 그때는 집안에 특별한 날만 부침을 했었다.

텃밭에서 호박 따다 갖가지 야채를 넣어 삼발 위에 솥뚜껑을 올려놓고 솔가지에 불을 지펴 부침을 하시던 엄마의 모습이 떠오른다.

우리 형제들은 부엌문 앞에 쪼그리고 앉아 군침을 삼키며 빨리 먹고 싶어 고개를 쑥 내밀고 있었다. 그 중에서도 밭에서 바로 캐다 만들어준 고구마 부침과 앞마당 가죽나무에서 꺾어 말린 가죽으로 부침을 해주면 간식으로는 더 이상 바랄 게 없었다.

그 옛날 시골 재래식 부엌의 풍경이 눈에 선하게 떠오른다. 황토흙으로 바른 부뚜막에 무쇠로 만든 큰 가마솥이 올려 있었고 아궁이에 빨갛게 타던 장작불이 얼굴을 화끈거리게 했었다.

겨울이면 우리 집 하루는 새벽에 아버지가 부엌으로 제일 먼저 나가신다. 큰 가마솥에 물을 데우기 위해 불을 지피면 밤새 싸늘하게 식었던 방바닥이 다시 따뜻해지기 시작하면서 우리들은 이불속에서 나오고 싶지 않았었다. 그 데워진 물을 배급해주듯이 한 바가지씩 대야에 부어주면서 빨리 세수하라고 재촉하시던 부모님 모습이 아른거린다.

지금처럼 가스불이 없었던 그 시절 엄마는 우리들 도시락 반찬 준비에 늘 고생하셨다. 무쇠 솥에 밥 지을 때 계란찜도 같이 찌고 멸치에 고추장 양념한 것도 맛나게 쪄내는 지혜를 갖고 있었다. 아궁이에 타다 남은 장작불을 꺼내 불꽃이 꺼지기 전에 양은냄비에 된장도 끓이고 생선에 무를 넣고 졸임을 해주셨던 그 맛은 잊을 수가 없다. 이렇게 비가 자주 오는 날에는 굴뚝으로 연기가 잘 빠져나가지 않아 부엌을 가득 메운 매캐한 연기 때문에 어머니는 눈물을 짜며 재채기만 했었다. 그 후 농촌도 새마을 운동을 실천하면서 조금씩 변하게 되었다.

어느 날 학교에서 돌아와 보니 우리 집 부엌 찬장 옆에 낯선 물건이 놓여 있었다. "석유곤로" 라고 씌어 있었다. 아버지께서 읍내에 나가 사오셨다고 했다. 기름집에서 석유를 받아와 넣고 동네 이웃 분들도 구경을 오셨다. 처음엔 찌개도 쉽게 할 수 있고 멸치볶음, 오징어볶음, 도시락 반찬도 할 수 있다며 엄마가 제일 좋아하셨다. 조금 편리한가 했는데 냄비마다 까맣게 그을려 놓는 것이 큰 흠이었고 그 냄비를 닦느라 엄마는 또 힘들어했다. 몇 년을 고쳐가며 사용하시더니 자식들이 성장해서 부모 곁을 떠날 때쯤 아예 없애버렸다.

나는 아파트 생활을 하면서 불편하게 지내는 부모님이 늘 마음에 걸렸는데 몇 년 전 가을에 큰오빠가 겨울이 오기 전에 시골 부엌도 고치고 방에 보일러를 놓는 공사를 시작했었다. 평생을 흙으로 된 부엌과 함께 사시던 엄마는 긴 세월을 추억으로 간직하게 되었다.

지금은 방엔 보일러를 놓았고 현대식으로 모습을 드러낸 부엌엔 반듯한 싱크대와 가스레인지가 자리 잡고 있다. 방안에서 스위치만 누르면 방이 따뜻해지는 것을 신기하게만 여기시며 지극히 순수함을 보이셨던 아버지는 그 편한 세상을 얼마 누려보지도 못하고 세상을 뜨셔서 나를 더욱 슬프게 했다. 요즘은 이웃 분들도 하나 둘 부엌을 개조하기 시작했고 아직도 몇 집은 재래식 부엌이지만 가스레인지는 어느 집이나 부뚜막 위에 올려놓고 사용하는 것을 볼 수 있다.

이렇게 비 오는 날엔 엄마가 해주던 부침이 생각난다며 전화를 드렸더니 그렇잖아도 지금 감자도 삶고 부침도 해서 이웃 분들과 마루에 앉아서 나누어 먹고 있다고 했다.

올해 구순이 되신 우리 어머니도 이젠 가스의 편리함에 젖어 있는 듯 아궁이에 불 지피던 시절을 서서히 잊어가고 있는 것 같다. 농촌 어느 집이나 부엌 뒤쪽에 우뚝 서있던 굴뚝을 밀어 내고 지금은 회색빛 가스통이 그 자리를 차지하고 있다.

어둑어둑 해지면 굴뚝에서 솜뭉치 모양으로 뿜어내던 저녁연기를 볼 수 없어 고향의 모습이 사라진 듯 하지만 구순의 어머니가 따다닥 가스 불 켜는 소리를 내며 싱크대 앞에 서 계시는 모습을 오래오래 보고 싶은 바람이다.

아직도 밖에는 쾅쾅 천둥소리에 맞춰 빗줄기가 바람에 흔들리고 있다.

엄마의 지팡이

햇빛이 잘 드는 우리 집 베란다엔 계절에 개의치 않고 꽃이 핀다. 빨강 분홍 영산홍 꽃이 긴 겨울 움츠렸던 마음을 포근히 녹여주었다. 꽃에 반해 몽롱해진 이른 아침 친구에게 전화가 왔다. 갱년기 탓인지 축 늘어지는 기분이라며 시간되면 같이 재래시장에 나가보자고 했다. 난 흔쾌히 그러자고 했다.

오랜만에 나와 본 시장은 옛날 모습은 사라지고 현대식 모습으로 깨끗하고 편리하게 잘 정돈되어 있었다. 상인들의 부지런함과 활기찬 모습은 역시 나오길 잘했다는 생동감을 갖게 했다. 사람들이 북적대고 구경할 것도 많아 친구와 손을 잡고 여기저기 기웃거려 보았다.

친구 고향분이 운영하는 한복집에 들렀더니 반가워하며 구수한 손칼국수를 사주셨다. 재래시장에서만 맛볼 수 있는 토종 국물 맛 그대로였다. 한복이 필요할 때 다시 오겠다고 인사를 하고 나와서 우리는 다시 옷가게, 그릇가게 등 여러 곳을 구경하며 서로 "이것 예쁘지?" "너 이 옷 어울린다." 하면서 소녀시절로 되돌아간 듯 깔깔 웃어대며 시간가는 줄 몰랐다. 그릇가게 앞에서 세련되고 예쁜 찻잔을 발견하고 마음은 벌써 우아하게 차 마시는 상상을 해보았다.

그때 할머니들이 입을 만한 옷들이 진열돼있는 가게가 눈에 띄었다. 순간 올해 친정엄마 생각에 친구 손을 끌고 가게로 들어갔다. 많이 쇠약해지신 엄마는 무거운 옷은 싫어하시기에 요즘 유행이라는 가볍고 따뜻한 조끼를 사기로 했다. 곱고 화려한 색들로 종류가 많아 한참을 고르다 보라색으로 구입을 했다.

이렇게 여유 있는 시간을 갖고 시장구경을 끝내고 저녁 찬거리로 생선과 야채가 동네 마트보다 싸고 싱싱해 잔뜩 샀더니 무거워 고생을 했다. 우리는 어쩔 수 없는 아줌마라며 마주보고 웃었다.

친구는 재래시장의 부지런한 상인들의 삶의 활력이 넘치는 모습을 볼 수 있어서 의욕이 솟구치며 기분이 좋아졌다고 했다.

나는 집으로 돌아오는 차안에서 보라색 조끼를 끌어안고 포근했던 엄마 품을 그리워했다. 구순이 넘은 연세에 비해 정신은 총명하신데 어지럽고 기운이 떨어져 시골집을 비워놓고 오빠네 아파트에 와계신다.

며칠 후 조끼를 가지고 갔더니 벨을 누르기도 전에 엄마는 지팡이에 몸을 의지해 문 앞에 나와 계셨다. 나는 깜짝 놀라 왜 나오셨어요? 했더니 너 온다는 전화 받고 베란다에 나가서 흰색 차만 들어오면 네 차 같아서 기다렸다고 하셨다. 듣는 순간 이것저것 핑계로 자주 찾아뵙지 못한 것에 죄송함뿐이었다.

오빠내외도 교직에서 퇴임하고 각자 그동안 못해본 취미생활 하느라 집을 자주 비운다고 했다. 엄마를 모시고 방에 들어가 조끼를 입혀드렸더니 "왜 돈을 썼어?" 하시면서도 이쪽저쪽 거울에 비추어보며 매만지신다. 아이나 어른이나 역시 고까옷은 좋은가보다.

매일 아들딸이 오지 않나 기다리면서 아파트 생활에 적응을 못하시고 답답해하며 시골집에 가고 싶다고 어린아이처럼 보채신다. 낮에 혼자 계실 때는 너무 심심해 걸레로 거실과 부엌 바닥을 닦는다고 하시며 고향에 노인정을 그리워하셨다.

오늘은 네가 와서 하루해가 지루하지 않다며 내손을 잡으시더니 부탁이 있다고 하셨다.

시골집 사랑방에 내 "수의 옷"을 좀 벌레 먹지 말라고 고무 통에 보관해두었는데 날씨가 더워지고 비가 자주 오면 곰팡이 걱정되니까 네가 자주 가서 확인 좀 하고 오라고 하셨다.

"걱정 마세요." 하며 애써 아려오는 마음을 감추려고 나는 엉뚱한 너스레만 떨며 자리에서 일어났다.

새싹이 돋아나듯 엄마의 기력이 회복되어 아버지가 생전에 만들어 놓은 시골집 뒤뜰 돌계단을 밟고 장독대에 올라가 엄마가 아끼는 된장, 간장, 고추장을 돌볼 수 있었으면 하는 욕심을 내어본다.

우리 오남매가 지금껏 엄마의 양념 맛에 배어있는데 모두들 아쉬워하고만 있다.

해가 저물어 가는데 헤어짐을 아쉬워하며 엄마는 또 지팡이에 몸을 의지하고 딸을 배웅하러 나오신다. 주름으로 얽힌 목을 쑥 내밀고 베란다에서 밖을 내다보며 딸이 다시 한 번 손을 흔들어주는 것을 보고 싶어 한다.

딱! 딱! 딱! 엄마의 지팡이 소리를 오래오래 내 귓전에 머물게 하고 싶은 바람이다.

분홍 영산홍 꽃

늦은 봄 햇살에 담장을 화려하게 장식한 장미꽃이 그윽한 향기를 풍기는 아침이다.

구순의 연로하신 몸으로 굳이 시골집에 남겠다는 의지를 자식들이 꺾지 못했지만 늘 마음이 편하지 않네요. 아버지가 몇 년 전 먼저 가신 후 홀로 남아 큰집을 지키고 계시는 모습 너무 외로워 보입니다.

어머니!

해마다 이맘때면 우리 집 앞마당엔 진풍경이 벌어지곤 했었는데 어느 해부터인가 서서히 볼 수 없게 되었지요. 찹쌀 풀 묽게 끓여

고추장과 참깨 넣어 양념한 것을 파래 김에 곱게 펴 바른 후 마당에 긴 대발을 깔아놓고 그 위에 한장 한장 얹어 조심스레 뒤집어가며 햇빛 찾아 옮겨가면서 바삭하게 말리던 바둑판 모양으로 변해버린 우리 집 마당의 풍경은 이제 추억으로만 남게 되었네요. 엄마의 특권이기도 했던 부각의 맛, 그 솜씨를 자랑스러워 했었는데 이제는 맛볼 수 없는 옛것으로만 기억해야 한다는 것이 서글퍼지네요.

어머니!

지난 겨울에는 그 앞마당에서 넘어지셔서 머리를 다쳐 많은 피를 흘리며 구급차에 실려 큰 병원 응급실에 누워계셨잖아요. 그때 저는 떨리고 무서워 엄마 곁에 가까이 갈 수 없어 한쪽 귀퉁이에 기대어 훌쩍거리기만 했어요. 우리 곁을 떠날 것 같은 예감에 고통스러운 순간이었지요. 다행이 오랫동안 입원치료 받고 회복하셔서 마음이 놓였답니다.

큰오빠네 집에서 얼마간을 요양하신 후 또다시 시골집에 가고 싶다고 매일 어린아이처럼 보채셨지요. 자식들에게 의지하기 싫다며 끝내는 오빠 차에 몸을 싣고 시골로 가시던 날 상기된 얼굴에 미소를 띠며 마냥 좋아하셨어요.

며칠 전 과일과 떡을 사들고 대문 밖에서부터 "엄마, 엄마" 큰소리로 몇 번이고 불러보아도 인기척이 없어 급하게 방문을 열어보았을 때 혼자 누워계시는 모습을 보는 순간 가슴이 덜컹했어요. 기운이 없는 듯 겨우 일어나 한참을 바라보시더니 "아휴, 네가 왔구나!" 하시며 반갑게 두 손을 잡아주셨을 때 서서히 안정이 되었답니다.

그런데 뜻밖의 "너를 만나면 꼭 부탁할 일이 있었는데 잘 왔다." 하시더니 장롱서랍을 열고 보자기에 싸놓은 것을 가리키며 "내가 집에서 숨을 거두면 곧바로 이 한복으로 갈아입히고 나서 영안실로 옮기게 해다오. 나는 죽어서도 깔끔한 모습으로 보이고 싶으니깐 꼭 그렇게 해다오. 그리고 내가 마지막 입고 갈 수의는 건너 방에 잘 보관해 놓았으니 당황하지 말고 찾아가고 오빠들이 모르는 부분은 너랑 사위가 꼼꼼히 챙기면서 오는 손님 넉넉히 대접 잘해라." 하시며 아버지가 뒷산 중턱에 심어놓은 분홍빛 영산홍 꽃을 어머니 산소 앞에 옮겨 심어달라는 부탁을 끝으로 쉬지 않고 유언처럼 말씀하실 때 저는 건성으로 "알았어요. 알았어…." 하며 짜증 섞인 말투로 못 들은 척 딴청만 부렸지요. 그 순간 마음속으로는 울면서도 겉으로 웃으면서 "그만하세요!" 하고 방을 뛰쳐나왔을 때 엄마는 서운해 하시는 표정이었어요.

엄마! 왜 그렇게 성급하세요.

몇 년 전에 제가 큰 수술을 받고 어렵게 회복해서 이제 건강을 되찾았는데 효도할 기회를 주셔야죠. 제 건강문제로 엄마 마음을 많이 아프게 해드렸잖아요. 못다 해드린 몫이 너무 많아 아직은 아버지 곁으로 보내드리고 싶지 않아요.

어머니가 늘 강조하신 형제간의 우애를 마음에 새기며 올 가을 구순의 생신 상을 저희 집에 모두 불러 모아 푸짐하고 근사하게 차려드릴 계획을 갖고 있습니다. 지금까지 잘 참아왔듯이 강한 정신력으로 조금만 더 버티어 주세요.

그리고 꼭 드릴 말씀은 어머니가 유언처럼 부탁하신 영산홍 꽃 그날은 못 들은 척 했지만 잊지 않고 어머니 산소 앞에 심어드릴게요.

어머니! 딸의 차가 보이지 않을 때까지 지팡이에 몸을 의지하면서 손 흔들며 서계시던 모습 오래오래 보고 싶어요.

그리고 엄마표 고소한 김부각 내년에도 기대할게요.

장수하시면 안돼요

새해가 되어 아흔다섯을 맞는 어머니께 세배를 드렸다.

해가 바뀌게 되면 윗사람이 먼저 덕담을 해주시는데 나는 노모에게 "장수하시면 안돼요." 라는 묘한 덕담을 먼저 드렸더니 옆에서 지켜보던 가족들이 웃음을 터뜨렸다. 어머니는 곧바로 답이라도 주듯이 제발 내가 좋아하는 영산홍꽃 피는 따뜻한 봄날 꼭 죽었으면 하는 바람뿐이라고 하신다. 현대의학의 발달과 식생활수준이 높아져 사람의 평균수명도 장수할 수 있는 확률이 많다는 것쯤은 알고 있었지만 내 어머니가 여기에 해당된다니 뿌듯하기도 하다.

어머니의 봄은 마을 어귀에 있는 빨래터에서 시작된다. 겨우내 입었던 두꺼운 옷과 이불을 얼음이 갓 녹아 차디찬 물에 손을 호호 불어가며 방망이로 힘차게 두들겨 헹구어내면 마음도 가벼워지는지 해맑은 표정을 지어 보인다.

나는 빨래터 언덕에 걸터앉아 버들강아지에 얼굴을 부비며 간지러움에 혼자 실실 웃다 봄 햇살 따뜻함에 졸음까지 겪어야했다. 한참을 지나서야 엄마가 부르는 소리에 눈을 뜨면 비누 그릇 들고 빨리 따라오라는 명령을 하시고 빠른 걸음으로 앞장서 가셨다. 언제나 꼬질꼬질한 비누그릇은 내 담당이었던 것이다.

어머니는 평생 고기와 비릿한 생선을 드시지 않았는데도 지금 아흔다섯에 마음과 정신이 맑으신 것을 보면 신기하기도 하다.

가끔 텔레비전에서 장수비결에 관한 강의를 들어보면 고기도 먹어야하고 등푸른생선도 먹고 짠 것은 금물이고 싱겁게 먹어야 되며 골고루 섭취해야만 건강하게 살아갈 수 있다고 강조를 하는데 여기에 아무것도 해당되지 않는 엄마는 장수하고 계시니 누구의 의견이 맞는지 정답을 찾을 수가 없다.

내가 기억하는 어머니의 밥상은 된장, 청국장, 들기름을 귀하게 여기시고 정구지(부추)를 아주 좋아하셔서 사랑한다고 표현해야 할 것 같다. 그리고 나물무침을 즐겨 하셨고 다른 사람의 입맛보다 몇 배 짜게 드시니 장수 기준에 어긋나는 것은 틀림없다.

큰 병치레 없이 사신 걸 죽 지켜보면서 발효음식의 효능과 요즘 전문용어로 채식주의자가 장수한다고 해야 맞는 것인가 싶기도 하다.

엄마는 뒤뜰에 장독대 닦아 항아리마다 고추장, 된장 가득 채워 넣어 자식들 몫으로 챙겨놓고 텃밭에 부추 밭을 파헤쳐 뿌리를 갈라 다시 파종을 하면서 봄볕에 그을린 모습으로 공식 봄 행사처럼 한해도 건너뛰지 않고 이어져 왔다.

지금이라면 손쉽게 우유나 주스로 간식을 내 놓았을 텐데 고구마나 감자를 드시고 우물에서 퍼 올린 냉수를 마시며 땀을 씻고 마무리를 짓는 얼굴엔 흐뭇함이 배어 있다. 아직도 우유는 비위에 맞지 않아 일모금도 못하는 촌티 물씬 나는 할머니다.

내 집에 찾아오는 이에게는 물 한 모금이라도 꼭 먹여 보내야 한다고 늘 말씀하셨는데 살면서 새록새록 마음에 와 닿는다.

오랜만에 기차를 타고 서울에 살고 있는 딸을 만나러 가는데 휴대전화 벨이 울린다. "어머니가 넘어지셔서 대학병원 응급실" 에 와 있다는 오빠목소리가 희미하게 가라앉듯이 들려왔다. 그 순간 새해인사 "장수하지마세요." 했던 것이 적중이라도 돼버린 것처럼 가슴을 짓누르며 쿵! 한다.

말이라는 것은 기쁨을 줄 수도 있고 상처를 낼 수 있다는 것을 익히 알고 있으면서도 노모를 모시는 가족들에게 미안함을 조금이라도 위로 한답시고 순간의 실수를 범한 것이 아닌가 싶은 게 영 마음에 걸린다.

어머니는 골반 뼈가 부러졌다는 진단을 받고 입원하셨는데 연로하셔서 담당 의사도 수술을 권하지 않고 가족들이 결정하라고 했다. 오남매는 의논 끝에 수술하지 않기로 했더니 의사는 요양병원으로 옮기는 쪽으로 권유를 했다.

눈이 흩날리는 오후 엄마는 내복 한 벌에 환자복을 걸친 채 구급차에 실려 요양병원으로 출발했다. 나는 벗어던져진 낡은 신발을 손에 쥐고 그 뒤를 따르며 엄마의 존재가 금방이라도 허물어져 사라질 것 같은 두려움이 회오리바람처럼 휘몰아친다.

살아온 세월 엄마의 인생관을 짚어보면 주관이 뚜렷하고 남에게 정직했으며 어려운 처지에 이르렀을 때 슬기롭게 대처하며 헤쳐 나가는 강인함도 지니고 계셨다. 작은 체구에서 뿜어져 나오는 리더십과 바느질, 전통한과솜씨는 단연 으뜸이고 부지런함을 상징하듯 빠른 발걸음은 누구도 따라갈 수 없다. 하지만 어머니는 지금 혼자 울음을 삼키며 고통 속에 헤매이고 있다. 앉지도 일어서지도 못하는 신세가 된 것에 한탄을 하며 삶의 끈을 놓으려만 한다.

"잠자면 못 일어나는 약이 있다는디 나 그 약 좀 사다줘라."

"어머니, 딸 경찰에 잡혀가요. 의사한테 달라고 하세요."

했더니 눈을 흘기며 "안주니께 너보고 사달라는 거지." 하며 벽

쪽으로 고개를 돌리고 수심이 가득한 얼굴에 어린 아이처럼 눈물을 보인다.

자존심이 대단했던 어머니는 한번 결정하면 흔들림이 없고 누구에게도 굽히려 들지 않는데 이럴 땐 차라리 치매로 판단력이 떨어져 버렸으면 더 좋았을 걸 싶다. 이제는 서서히 육체와 정신이 폭삭 무너져 모든 걸 내동댕이 쳐버리고 병실에서 누워만 계시는데 생리적인 것들을 처치할 때 간병인 앞에서 부끄러워 쩔쩔매는 모습엔 아직도 수줍던 새색시로 착각하는 것을 엿보게 한다.

혹독한 추위를 이겨내고 봄은 왔는데 새싹들의 움트는 소리와 텃밭에 파종할 씨앗들만 나뒹굴며 주인 잃은 시골집은 녹슬은 철대문이 굳게 닫혀있다.

딸의 새해 문안인사에 효력이라고 입증하려는지 어머니는 좀처럼 쾌유되실 기미는 보이지 않아 마음 졸여온다. 분홍 영산홍 꽃피는 봄날 숨을 거두고 싶다는 말씀을 자주 하셨는데 올 봄 영산홍은 꽃봉우리로만 머물다 갔으면 하는 어리석음을 기대해본다.

"말은 은이고 침묵은 금이다." 라는 격언을 떠올리며 눈부신 봄 햇살을 침침한 병실에 넘치도록 채워 넣어 싱그러운 봄내음을 전하고 싶다.

"너 다음에 올 때 그 약 사오는 거 잊지 마."

"영험한 귀신들은 다 뭐하고 있댜. 으응!" 끊길 듯 애련한 엄마의 이 외침은 내 귓전에서 오래도록 윙윙거릴 것 같다.

봄볕만큼 포근한 엄마 품이 다시 그리워진다.

딸은 어디로 갔을까

아침 일찍 전화벨이 다급한 듯 요란하게 나를 부른다.

조금은 석연찮은 예감으로 수화기를 들었다.

얼마 전에 건강검진 받은 결과를 기다리고 있었기 때문에 긴장이 되었다. 예감대로 병원에서 걸려온 전화였다. 검사결과에 문제가 있다며 병원으로 다시 나오라는 내용이다.

요즘 나는 93세 되신 친정엄마를 우리 집에 모셔와서 모처럼 어린 시절을 만끽하며 꿈을 꾸는 듯 달콤함에 행복하기만 하다.

오빠가 모시고 계시는데 나도 며칠만이라도 효녀가 되고 싶어 우리 집으로 모셔왔다. 그리고 오빠내외분께도 여유를 갖는 시간을 주고 싶은 마음에 배려도 이유에 포함된 것이다.

부드러운 깨죽도 끓이고 좋아하시는 각종 나물도 고소하게 묻혀놓고 마주앉아 식사를 하며 하루를 함께하는 시간들이 소중하게만 여겨졌다. 이런 날들이 이어진다면 즐거움이 배가 되도록 거창하게 계획을 세워 밖에 외출도 자주하며 맛집도 찾아서 외식도 시켜드리고 싶다는 생각을 해본다.

자식들에게 신세지는 것도 싫다며 아버지가 몇 년 전에 세상을 뜨신 후 시골집에서 혼자 계셨는데 너무 연로하셔서 작년 겨울에는 오빠네 집에 계시다가 좀 괜찮다 싶으면 시골집에 가시는 것을 반복하셨다. 더구나 딸네 집은 어렵다며 전화만 자주하시고 거의 오시지 않았다.

오랜만에 딸이 어떻게 살림을 하고 사는지 궁금하신지 방마다 점검을 하신다. 특히 장롱을 열어 보며 결혼 때 손수 목화솜 넣어 꿰매 주신 청색홍색 이불을 보시곤 아직도 이것을 간직하고 있구나! 하시더니 보물이라도 찾아낸 듯 이불을 매만지시며 장롱 문에 기대어 잠시 그때를 회상하고 계셨다.

밤이면 고향집 얘기 어린시절기억들을 끄집어내며 추억 속을 더듬었다. 겨울밤 광에서 말랑말랑 잘 익은 홍시 감을 꺼내주시고 살얼음이 떠있는 동치미와 찐 고구마를 먹었던 그 맛은 영원히 그리울 것이라고 했더니 너는 기억도 잘한다며 웃으셨다.

이렇게 며칠을 동화같은 시간을 보냈는데 더 지속할 수 없게 방해꾼이 끼어들었다. 내 몸속에 작은 혹 하나가 훼방을 놓은 것이다. 병원에서는 수술하는 방법 외엔 치료가 없다고 했다.

눈치 빠른 엄마는 딸이 외출하고 돌아오면 내 뒤를 졸졸 따라다니며 무슨 일 있는지 자꾸 묻곤 하셔서 엉뚱하게 핑계대느라 표정이 어색하기도 했다.

서울로 입원하러 갈 날이 가까워오면서 오빠한테 내 사정을 전했더니 걱정말라며 바로 모시러 온다고 했다. 엄마는 한달정도 계시고 싶어하셨는데 이유도 모르고 오빠 차에 오르셨다. 나는 가시는 뒷모습을 보고 싶지 않아서 입원하러 가는 날 모셔가라고 부탁은 해놓고 화단 살구나무 밑에 숨어서 몰래 떠나는 모습을 바라보고 있었다. 그 순간 울컥함이 치밀어 울음을 터뜨리고 말았다.

곧바로 서울병원에 가서 수술을 하고 치료가 끝나 보름만에 집으로 돌아왔다.

엄마는 우리 집에 전화를 해봐도 받지 않고 연락이 안 된다며 매일 가족들에게 혹시 어디 아픈 것 같다며 걱정만 하셨다고 했다. 아직도 모르고 계시지만 뭔가를 알고 싶어 눈치만 살피신다.

오빠네 집밖으로 처음 외출은 이렇게 시시하게 끝나게 되었지만 내 건강이 회복되면 늘 고향집을 그리워하는 엄마를 모시고 평안한 외출을 시도해볼 계획이다.

부엌에 들어가 아끼던 그릇들, 찌그러진 냄비도 만져보게 하고 감나무는 빈집을 잘 지키고 있는지 앞마당에 봉숭아꽃은 주인 오기만을 기다리며 반겨줄텐데 고향의 포근함을 맘껏 취할 수 있게 하고 싶다.

집안 곳곳에 엄마의 체취가 묻어나 있는 그곳에서 오랜 시간을 머물고 싶어하시는 엄마를 다시 모시고 오려면 어린아이처럼 달래야 할텐데 벌써 가슴이 아려온다.

밖에는 소낙비가 내리고 있다. 우렁찬 응원가로 들려온다.

옥색이불

더위가 물러나고 아침저녁 기온이 내려가 쌀쌀해져 서둘러 어머니가 계시는 요양병원을 찾아갔다.

“엄마! 날씨가 싸늘해져서 여름이불 가지러 왔어요. 깨끗이 빨아서 내년 여름에 가져 올게요.” 했더니 눈을 흘기시며 “너도 그런 말 하지 마라. 사는 게 고통이고 지겹다.” 라고 하셨다. 옆에서 간호사가 어르신 당연히 내년에도 저 이불 덮으셔야지요 하며 거들었다.

어머니는 연세가 아흔다섯인데 워낙 노쇠하셔서 작년겨울에 방안에서 넘어진 이후로 걸음을 걸을 수가 없어서 병원에서 지내게 되었는데 매일 죽음을 의식하며 처지를 한탄만 하고 계신다.

내가 어릴 적 엄마는 하얀 옥양목 이불에 풀을 빳빳이 들여 바스락 소리가 날만큼 정갈하게 해주셨는데 나는 엄마의 수고도 잊은 채 겨울에는 그 이불을 덮으려면 차갑고 싸늘하게 여겨져서 싫다고 투정부렸던 기억이 사뭇 미안함으로 남아있다. 그럴 때마다 엄마는 온돌방에 군불을 지펴 방바닥이 뜨거워지기 시작하면 잠잘 시간에 맞추어 이불을 미리 펴 놓으시며 철없는 딸의 투정을 이런 방법으로 막아보려고 애쓰셨던 모습이 생생하게 떠오른다.

식구가 여럿인 탓에 이불이 넉넉하지 않아 형제들이 한 방에서 공동으로 이불을 사용하며 서로 끌어당기느라 잠을 설치기도 하고 다툴 때도 더러 있었지만 그냥 불편한대로 나날이 반복되었고 더 이상 이불 숫자는 채워지지 않았다.

여름엔 피부에 상처가 날 것 같은 아주 빳빳한 삼베 홑이불을 덮어야만 했는데 그것도 싫었다. 지금 돌이켜 보면 나는 시골에서 엄마가 만들어 주시던 이불은 모두 불편하게만 여겨졌던 것으로 기억하고 있다.

내가 결혼을 할 즈음엔 이런 딸의 마음을 알아 차리셨는지 읍내 시장에 나가셔서 아주 부드러운 그 당시 유행하던 밍크이불과 담요를 사오셨고 알록달록 꽃무늬 금빛양단이불도 목화솜 두툼하게 넣어 며칠 동안 정성을 쏟으시며 꿰매주셨다. 그런데 또 엄마는 양단이불에 옥양목 홑청을 씌워주셨다.

딸이 싫어하는 줄 알면서도 "옥양목에 풀을 빳빳이 들여야 정갈한 이부자리란다." 하시며 의견을 못들은 척 꿰매기 시작하며 기어코 우기셔서 옥양목이불은 나를 따라와 장롱 속에 갇히게 되었다.

몇 년 동안은 우리 집에 오셔서 옥양목 홑청을 시골로 가져가 풀을 빳빳하게 들여 꿰매주시곤 했는데 어느 날 나는 편리하게 되어 있는 실크 신식이불로 교체를 하고 말았다. 이불 모두를 바꾸려 했는데 그래도 엄마가 고집하시던 옥양목 홑청을 씌운 꽃무늬 양단 이불과 요를 한 채씩 남겨두었다. 아직도 장롱 맨 밑에서 하얀 옥양목 홑청이 누렇게 변한 흉한 모습으로 세월의 흔적을 보여주며 꿋꿋하게 자리를 차지하고 있다.

요즘은 혼수이불에 옥양목은 끼어들지도 못하는 것으로 알고 있다.

이불 종류도 계절별로 구분이 되고 색상도 화려해 이불과 요의 구별이 없는 것 같다. 특히 주거생활이 입식으로 바뀌게 되면서 침대에서 잠을 자고 부드럽고 가벼우면서 보온성이 뛰어난 고급스러운 침구세트에 두툼한 솜이불은 뒷전으로 밀려나게 되었다.

유년시절 시골에서는 내 이불이 따로 없었기 때문에 예쁜 그림이 그려져 있는 이불을 갖고 싶었던 간절함이 있었다. 그래서일까

나는 지금도 이불가게를 지날 때면 손을 내밀어 살짝 문질러 보며 구경하는 것을 좋아한다.

올해 여름은 어머니도 병원에서 견디기 힘들만큼 더위가 유세를 부렸는지 여름 이불 좀 사오라고 주문을 하셨다. 뭐가 그리 미안하신지 수줍게 웃으시며 엄마가 좋아하신다는 "옥색"으로 사왔으면 좋겠다고 조용히 말씀하셨다.

딸의 옥양목이불엔 풀을 먹여 정갈함을 강조하시던 어머니가 여름이불 하나 부탁하시는 것도 미안해서 말끝을 흐리시며 당당함을 잃고 누워있는 모습을 뒤로하고 나는 곧바로 친구네 이불가게로 갔다.

그런데 어머니가 원하는 옥색이 뚜렷하게 나와 있지 않아서 고민을 하게 되었다. 이불전문인 친구의 의견을 따르기로 하고 비슷한 색상을 띤 꽃무늬가 새겨진 여름이불을 구입해 드렸더니 당신이 좋아하는 옥색인 줄만 알고 어루만지시며 마음에 쏙 든다고 하셨다.

여름 내내 정들었던 이불을 가을로 접어들어 "엄마! 여름이불 빨아서 내년에 가져 올게요." 하며 이불을 개켜서 나오는데 "귀신들이 늙은이를 안 데려가고 어디서 뭐한대? 나 내년 여름에 그 이불 필요 없다." 노을이 지듯 희미한 엄마의 목소리가 병실 문밖으로 새어나와 나의 귓전에 오래도록 남아 빙빙 맴돌며 지워지지 않고 있다.

지금 옥색이불은 말끔히 빨아져 가을햇살에 휘날리며 주인을 찾아갈 준비를 하고 있다. 비록 어머니가 해주시던 옥양목 이불처럼 빳빳하게 풀을 들여 정갈하지는 않지만 소중하게 보관해주려 한다.

옥색이불은 내년 여름에 노쇠한 주인을 만날 수 있을까?

집 앞 뜰 귀뚜라미 울음소리에 고향의 냄새가 왈칵 밀려온다.

장남은 외로워

올해 나이 칠십이 된 오남매의 맏이 큰 오빠가 구십 중반을 넘기신 노모의 방문을 마치고 나서는데 '차 조심' 하라는 희미한 목소리가 문틈으로 새어 나온다.

농촌에서 태어나고 자란 우리 오남매 중 어머님이 가장 좋아하고 사랑하는 큰아들을 지금도 뒷모습이 보이지 않을 때까지 고개를 쑥 내밀고 눈을 떼지 못하신다.

큰 아들을 공부를 많이 시켜야 한다는 부모님의 확고한 신념은 그 시절엔 시골에서 흔히 볼 수 있는 일이 아니었는데 온갖 정성으로 보살피셨던 기억이 생생하다.

큰 오빠가 대학을 졸업하고 취직이 되어 매월 부모님께 돈을 보내올 때마다 기쁨을 주체하기 힘들만큼 얼굴에 웃음이 넘쳐나고 동네에 자랑을 펼치곤 하셨다.

3남 2녀를 둔 부모님은 부지런함과 지혜를 짜내어 농촌 환경에서 어려운 여건을 극복하며 자식들 교육에 적극적인 정성을 쏟으셨다.

나는 특히 딸이라는 이유로 차별대우를 받은 적도 있지만 유별나게 아들만 챙기시는 것에 익숙해져 있었다.

아직도 기억하고 있는 것은 큰 오빠가 방학이나 명절에 시골집에 내려온다는 연락을 받으면 엄마는 평소에 해주지 않던 음식을 준비하느라 바쁘시다. 콩을 불려 맷돌에 갈아 가마솥에 넣고 두부를 만들고, 읍내 장에 가셔서 굴비와 달걀도 사오셨다.

나는 그 때마다 맛난 것들을 먹고 싶어 부엌에 들어가 무명 밥보자기로 덮어놓은 음식을 몰래 먹어보려 했는데 엄마는 어떻게 아셨는지 '야, 뭐하는 거야. 당장 나가. 오빠 먹을 음식에 손대지 마라.' 는 엄마의 호통에 떠밀려 나온 적도 있는데 지금도 어머니는 변함없는 사랑을 장남에게 쏟고 계시니 일편단심이다.

아버지가 세상을 뜨시고 어머니가 시골에 혼자 몇 년을 계시다가 쇠약해지면서 큰 오빠 아파트로 모셔온 뒤엔 딸인 내가 찾아갈 때마다 늘 하시던 말씀이 떠오른다.

오빠와 며느리랑 셋이 식탁에 둘러앉아 식사를 하는데 아들이 생선도 뼈를 발라내고 살점을 어머니 밥 위에 올려줄 때마다 며느리 보기에 미안해 아주 어쩔 줄 모르겠다고 말씀하셨다. 그렇게 당신은 아들에게 사랑과 정성을 쏟아 부었으면서도 큰 아들 고생시키는 것이 안쓰럽고 미안하다고 말씀하신다.

올해 96세이신 어머니는 정신도 맑고 총명하신데 고관절을 다치셔서 병원에 장기 입원중이다.

찾아뵐 때마다 큰 아들의 안부에 궁금증이 넘쳐난다. 오빠가 며칠만 안 보여도 괜한 걱정으로 얼굴을 찡그리며 편해 보이지 않으니 말이다. 어느날 나는 할 수 없이 큰 오빠한테 이런 사실을 말씀드렸더니 오빠도 어머니 마음을 잘 알고 있다며 아직도 노모의 사랑이 싫지 않은 듯 살짝 웃어 보인다.

이제는 오빠도 어머니의 짝사랑을 알아차린 듯 여행을 가신다거나 며칠 동안 방문 할 수 없을 때는 미리 보고를 드리고 다녀오곤 하신다.

요즘은 거의 두 명 정도 낳기 때문에 장남이라는 개념이 사라지고 있지만 예전엔 형제들이 많았던 탓에 장남이라는 타이틀이 붙여지면 동생들도 부모님 다음으로 엄격함에 따라야 했고 복종하는 걸 당연하게 여겨왔다.

나도 오남매 틈에서 자라면서 방학 때 큰 오빠가 숙제검사를 해주었고 지금도 기억하는데 내가 써놓은 일기를 읽어보더니 감자 크기와 색깔을 비교하며 감정을 호기심으로 표현을 잘했다고 칭찬을 해주었다.

초등학교 때 썼던 일기지만 문장을 뚜렷이 기억하고 있다.

'오늘은 내가 좋아하는 감자를 캐러 부모님과 산 밑에 있는 밭으로 갔다. 참 신기한 것을 발견했다. 검은 흙속에서 보랏빛 감자가 숨어있었고 모양도 둥근 게 아닌 길쭉하다. 흔하게 보았던 하얀색 감자는 이제 싫어졌다. 진한 보라색 감자는 너무 예뻐서 먹을 수 없을 것 같다' 고, 쓴 것인데 장남의 역할을 발휘해 동생의 재능을 발탁했으니 나는 그 덕을 톡톡히 본 셈이다.

과도한 집착으로 오로지 장남을 유일한 희망으로 믿고 살던 부모님께 동생들이 불공평하다는 이유를 드러내면 어머니는 무조건 큰 형 하는대로 따르라고 일러주시며 당연하다는 듯 큰 오빠를 두둔하고 더 이상의 의견은 아예 들어주려 하지 않으셨다.

이젠 오남매 모두 가정을 꾸려 각자의 생활에 전념하고 있지만 집안 대소사엔 장남인 큰 오빠가 나서야만 원만하게 마무리를 할 수 있는 것을 종종 보게 된다.

작년겨울 어머니가 고관절을 다쳐서 병원에 입원을 하게 되었는데 일시적 쇼크로 가족도 못 알아보는 처지에서 '우리 큰아들 좀 데려와 달라고' 애타게 찾으셨다. 옆에서 지켜보고 있는 큰 오빠를 못 알아보고 '아저씨 빨리 우리 큰아들 불러줘요' 병실을 시끄럽게 했다.

내가 나서서 '오빠 여기 왔어요' 했더니 딸도 모르고 아줌마는 누구요 우리 아들 데려오라고만 반복하셨다.

다행히 며칠 후 안정을 찾게 되었는데 그때 장남의 축 늘어진 뒷모습은 외로움의 무게를 겨우 지탱하려는 듯 창가에 기댄다. 눈이 흩날리는 오후 큰아들은 어머니와 함께 앰블런스를 타고 요양병원으로 달려갔다. 물론 그날도 혼자서 절차를 밟으며 장남은 또 외로웠다.

큰 아들이라는 이유로 리더십과 포용력으로 가문을 지켜나가야 한다는 막중한 책임이 따르고 있는게 사실인데 동생들이 협조하지 않을 때 묵묵히 참아내며 이끌어 가는 모습은 역시 맏아들과 맏며느리는 하늘에서 점지해준다는 옛 어른들의 말씀이 생각난다.

큰 오빠는 운동을 좋아해서 테니스를 몇 십년 동안 쉬지 않고 공직에서 퇴직한 지금도 이른 아침부터 부지런히 뛰고 있다.

가끔 동호회에서 선수로 뽑혀 며칠 다른 지방으로 대회를 나갈 때는 내게 연락을 하고 가신다. 엄마의 집착이 아들이 며칠 안 보이면 어디가 아픈게 아닌지 궁금하다며 보채는 걸 알고 있기 때문이다.

어머니 눈에는 당신만 96세 늙은이로만 여기고 칠십이 된 아들은 아직도 씩씩했던 까까머리 소년으로 영원히 간직하려고 하신다.

병문안을 갈 때 오빠와 마주치는 날이면 엄마는 내 안부는 뒤로 하고 오빠 배고프겠다며 빨리 나가서 따끈한 점심 사먹으라고 독촉을 하신다. 일부러 시간을 지체하면 못 마땅해 하시며 자꾸만 눈치를 준다. 아직도 큰 아들을 보호하려는 변함없는 사랑이 노모의 가슴엔 가득 채워져 있나보다.

장남이라는 명분 앞에 책임을 다해 어머니를 보살펴 주시니 칠십이 된 오라버니를 더 극진하게 감사한 마음으로 어머니가 원하는 따끈한 식사 대접을 자주 해드려야겠다.

문안인사를 마치고 돌아가는 장남의 등줄기는 한 없이 넓어 보였다.

아버지의 땅

유년시절에 아버지가 자주 하시던 말씀을 잊지 못한다.

우리 오남매가 곤히 잠든 새벽마다 엄마와 집안 살림의논을 하시며 도란도란 날이 밝을 때까지 토론을 하듯 이어갔다. 나는 눈을 감은 채 자는 척 하며 우리 집 살림 비밀얘기를 듣는 호기심에 푹 빠지게 되었다.

그런데 매일 듣다보니 아버지는 똑같은 말씀을 반복하시는 것이다. "땅이 최고여" 땅을 사야 되는 것이라고 강조하시며 마을에 누가 논밭을 팔려고 내놓으면 사고 싶다며 의욕이 넘쳐나셨다.

어느 초가을 새벽 아버지와 엄마는 다른 날보다 소리를 작게 이야기를 주고받는데 나는 귀를 쫑긋하며 좀 더 자세히 듣고 싶어 이불을 들썩거리다 들킬까봐 조바심을 내며 들을 수 있었다. “여보, 낼 땅 계약할거여” 이웃집에서 논을 판다고 누가 소개하는디 내가 살 거구먼 아버지 말씀을 듣고 엄마는 돈이 부족할텐디 어쩌려고 그런대요 하시며 한숨을 내쉬었다.

며칠 후 아버지는 땅을 계약한다며 밤늦은 시간에 큰 비밀 모의를 꾸미는 것처럼 소개해 준 이웃 아저씨를 건너 방으로 모시고 들어가 서류를 작성하고 엄마는 아버지가 읍내 정육점에서 돼지고기를 사온 것으로 부엌에서 찌개를 끓여 막걸리와 함께 한상 차려 건너 방으로 내가며 바쁘게 움직였다. 그렇게 아버지는 땅을 살 적마다 소문나지 않게 비밀에 붙이시곤 했는데 나중에 알게 되었지만 상답(비가 오지 않아도 농사짓는 땅)을 사려면 경쟁자가 나올까봐 조심하며 마을 분들 눈에 띄지 않게 늦은 밤에 계약을 서둘러 하셨다고 했다.

그 뒤로도 새벽마다 부모님은 집안 살림의논을 하셨는데 매일 듣다보니 나도 판단할 수 있는 능력이 쌓이게 되었는지 아버지보다 어머니가 더 총명하시고 결단력이 뛰어나다는 것을 알 수 있었다.

아버지는 훤칠한 키에 호남형으로 힘이 장사이셨고 법 없어도 살아간다고 할 만큼 매사에 정직함에 모범이셨다. 그와 반대로 어머니는 아주 작은 키에 수단이 남달랐고 부지런함은 누구도 따라가지 못했던 통 큰 여장부였다.

우리 집은 인삼재배를 하고 있었는데 엄마는 그 인삼을 조금씩 캐서 파란 이끼에 물을 뿌려 시들지 않게 잘 포장하고 보자기에 싸서 머리에 이고 낯선 곳을 향해 시외버스를 타고 나가셔서 다 팔을 때까지 거의 보름 만에 집에 돌아오시곤 했다. 그때마다 돈을 한 뭉치씩 갖고 오시면 아버지는 "참 별일이여. 수단도 좋아!" 하시며 싱글벙글 하셨다. 엄마는 거의 삼십년 넘도록 전국을 돌며 인삼보따리 장사를 했다.

아버지는 어머니의 빈자리를 대신해 자식들 의식주를 해결하시느라 농사일과 병행하면서 쉴 틈 없이 고생하셨는데 이런 아버지의 성실함을 보상이라도 하듯 인삼 재배는 동네에서 으뜸이었다. 그리고 아버지는 돈을 세어보며 또 땅을 사고 싶어했다.

나는 엄마가 자주 집을 떠나 장사 나가는 것이 싫었다. 치맛자락을 붙잡고 울며 매달리기도 했는데, 그럴때면 오빠를 시켜 꽈배기 과자 사준다며 달래놓고 몰래 떠나던 날 엉엉 울다가 밥도 안 먹고 심통을 냈다. 그런데 신기하게도 엄마는 명절이나 학교 운동회 날은 용캐 기억하고 그 날짜에 맞춰 돌아왔다. 과일이나 옷을 한보따리씩 사들고 우리를 놀라게 했다.

엄마가 안 계시는 동안 오빠가 쌀을 씻고 밥을 할 때는 창피하다고 부엌문(정지문)을 닫으라고 했다. 요즘 같으면 흉이 아닌데 흔히 말하는 아마 그때 오빠가 사춘기가 찾아왔던 것 같다.

한 겨울에 냇가에서 빨래하며 손을 호호 불던 일, 아침마다 방바닥에 긴 머리카락 빠진다고 추운 날 밖에 나가서 머리 빗게 하던 까칠한 오빠들 얘기를 엄마가 돌아오는 날이면 그런 얘기들을 훌쩍거리며 털어 놓았지만 그래도 엄마는 늘 아들편을 들었다. 엄마는 누구도 따라갈 수 없을 만큼 아들 선호사상이 강했다.

농촌에서는 어려운 환경에 집에서 꼴 베고 밭일 돕는 이웃집 애들이 많았는데 전국을 헤매며 장사하던 엄마는 서울 인천 등 비교적 큰 도시를 돌아보면서 자식들을 공부시켜야 한다는 확고한 의지를 갖고 계셨다.

아들이라면 끔찍하게 여기는 어머니는 오빠들이 공부해야 할 시기에 맞추어 어느 날 장사 나가면서 갓 스무살 쯤 된 육촌언니를 우리 집 부엌일을 맡겨놓고 가셨는데 나는 언니가 없고 오빠들 셋 틈에서만 지내다 의지가 되고 그렇게 좋을 수가 없었다. 밥 해주는 것에는 관심 없고 학교에서 돌아오면 집안에 엄마가 계신 것처럼 훈훈해서 좋았다.

그러나 이 기쁨도 오래가지 못했다. 어느 날 학교에서 돌아와 습관처럼 엄마를 부르듯 언니를 찾았지만 아무리 둘러봐도 보이지 않았다.

둘째오빠의 음식타박과 끊임없는 잔소리에 언니가 자기 집으로 가버린 것이다. 그 순간 오빠가 미웠다. 엄마가 다시 부탁해 보았지만 언니는 미용기술을 배운다며 도시로 떠나버렸다. 한동안 의지할 곳을 잃어버린 나는 또다시 엄마가 집에 있는 친구들을 부러워했다.

새벽마다 부모님의 밀담을 듣던 것은 고향집을 떠나와 도시에 있는 여고에 입학하면서 끝났다. 마지막 들었던 얘기는 지금도 기억이 또렷하다. 그것은 바로 아버지가 보물처럼 소중하게 여기던 땅문서를 꼬깃거리는 누런 봉투에 넣고 옥양목 천으로 동여맨 다음 삐걱거리는 장롱의 맨 아래 서랍에 보관해 두었다고 알려주던 소곤거림이었다.

자식들이 성장해서 공부를 마칠 즈음엔 어머니가 인삼 보따리 장사를 나가는 횟수도 대폭 줄었다. 돈 만지는 재미에 아버지의 만류에도 아랑곳하지 않더니 연세가 들면서 힘에 부쳤는지 그만 둔 것이다.

나는 건축학을 전공한 도시 토박이 남자와 결혼을 했다. 도시에서만 살았던 남편은 주말마다 시골 처가에 가서 아버지를 따라 논밭에 나가는 것을 좋아했다.

인삼 밭에 풀도 매주고 열매도 솎아주고 가르쳐 주는 대로 실수없이 일을 하며 즐거워하는 모습에 아버지는 도시사람이 대견하다며 칭찬을 해주시곤 했다.

그런데 어느 해 여름 장마에 인삼밭은 손 쓸 수 없을 만큼 큰 수해를 입게 되었다. 연세가 많은 부모님은 이 기회에 모두 농사를 접겠다고 했다. 인삼은 바라만 봐도 힘이 솟는 아주 귀한 보약으로만 믿었던 아버지는 인삼 재배를 놓으면서 허탈감에 빠져 오래도록 침울해 하셨다.

나는 남편이 출장으로 집을 비울 때면 고향집에 내려가 부모님과 맛난 것을 만들어 먹으며 어릴 적 추억을 끄집어내곤 했다. 그리고 아버지가 아궁이에 군불을 지펴 따뜻해진 온돌방에서 모두 함께 하룻밤을 지내고 돌아왔다.

그런데 신기하게도 부모님은 내가 어릴 적 새벽마다 나누던 밀담을 수십년이 지난 그날까지도 계속하는 것이 아닌가. 오랜만에 듣게 된 부모님의 밀담에 호기심이 발동했다. 최대한 집중을 해서 듣는 순간 정신이 번쩍 들었다.

아들 삼형제에게 땅을 물려주는 문제를 하는 것이었다.

첫째 몫은 맏아들이라는 이유로 이 고장에서 제일로 쳐주는 상답을 등기 내주고, 둘째는 공부도 많이 못했으니 논밭을 더 주고 싶다는 의견이었다. 셋째는 막내아들이라는 터무니없는 이유를 들어 집앞에 가까운 땅을 주고 싶다고 했다.

그 순간 나는 혹시라도 도시를 누비고 장사 다니며 깨치신 어머니가 딸 둘의 몫에 대해 아버지께 건의 할 줄 알았다. 조마조마한 마음으로 기대를 했지만 부모님은 딸은 안중에도 없었다.

아버지는 아들 삼형제에게 그렇게 소중히 아끼던 땅을 물려주고 팔십 중반에 세상을 뜨셨다. 건강을 자신하던 아버지는 갑자기 심장에 이상이 생겨 보름을 병원에서 지내다가 돌아가셨다. 쓰러지기 며칠 전의 일이었다. 이른 아침 아버지는 축 처진 목소리로 내게 전화를 하고는 잠시 머뭇거렸다. 한참 만에 아버지는 막내 오빠가 빚이 많아 땅을 팔아야겠다고 하는데, 그 땅을 내가 샀으면 좋겠다고 말씀하셨다. 마침 남편도 시골을 좋아하니 의논해보라고 하셨다.

나는 며칠을 혼자 고민하다 돈이 부족해 살 수 없다고 말씀 드렸다. 아버지의 간곡한 부탁인 줄 알면서도 친정일로 창피하다는 생각에 남편과 상의도 않고 혼자 결정을 내렸던 것이다.

땅이 최고라며 평생을 땅 사들이는 것을 목표로 사셨고, 그것으로 버텨냈던 아버지. 그런 땅이 남의 손에 넘어간다는 것은 상상도 하기조차 싫었을 것이다. 홀로 가슴앓이를 하다가 심장에 이상이 왔던 것이다. 아버지의 꽃상여를 붙잡고 내 탓이라며 울부짖던 막내오빠 내외. 지금도 그 눈물이 무엇을 의미하는지 알지 못한다. 그러나 어쩌랴! 딸에겐 땅 한 평, 단 돈 한 푼도 건네지 않고 저 세상으로 가신 아버지를 원망 할 수도 없으니.

어느 해 봄 남편은 조경사업을 하는 친구가 소나무 묘목을 천 그루 쯤 준다고 하는데 심을 곳이 없다고 끙끙거렸다. 남편은 워낙 화초 가꾸기와 분재 가꾸기를 좋아하는 터라 땅도 없으면서 의욕이 넘쳐났다. 나는 용기를 내어 어머니께 전화를 했다. 오빠들 몫으로 나누어 준 땅이지만 도시에서 생활하느라 농사도 안 짓고 휴경지로 비어있는 밭에 소나무를 심고 싶다고 했더니 어머니는 흔쾌히 허락을 했다.

꽃샘추위가 시샘하는 어느 주말 우리 부부는 소나무 묘목이 잘 자라주기를 간절한 마음으로 심고 돌아왔다.

아버지가 인삼농사 지을 때 자주 찾아갔던 것처럼 소나무 안부가 궁금해 주말이 기다려지곤 했다. 갓난아기 다루듯 어린 묘목을 정성으로 보살피는 남편의 마음을 알기라도 하듯 나무는 자리를 잡고 잘 자라 주었다.

여름 장마에 폭우가 쏟아져 어린 소나무가 걱정이 되었는데, 아니나 다를까 어머니는 밭둑이 잘려나가는 큰 피해를 입었다고 알려 주었다. 그 땅의 주인인 큰 오빠가 장마가 물러가고 더위가 기승을 부리는 오후에 전화를 했다. 포클레인으로 수해 입은 밭을 작업해야 하는데 소나무를 뽑아야 한다는 것이다. 남편은 조바심을 내며 급히 나와 함께 소나무를 뽑으러 갔다. 이미 소나무는 뽑혀서 여기저기 버려져 있었다. 옆에서 눈치 빠른 막내 오빠가 몇 그루는 그늘진 곳에 묻어놓았다고 위로했지만 얌전하고 묵묵한 남편의 표정은 뒤틀려 굳어있었다.

그날 밤 술을 잘 못 마시는 남편은 혼자 취하도록 마시고 땅 없는 설움에 오빠를 원망했고 절망과 비통함이 섞인 술주정까지 했다. 부부싸움이 거의 없었던 우리 부부는 며칠 동안 다퉜다.

오빠들에 대한 남편의 서운한 감정을 좀처럼 풀지 못했다. 이 소식을 듣고 남편 친구가 고향에 비어 있는 땅이 있으니 소나무를 심어도 된다고 연락해 왔다. 임시로 아파트 화단에 심어 놓은 것을 차에 싣고 당장에 달려가 심었다.

소나무 사건 이후 남편은 오빠들과 예전처럼 가깝게 지내지 않았고, 그것이 나는 늘 불편했다. 그런 와중에 나는 간에 종양이 발견돼 서울의 큰 대학 병원에서 수술을 했다. 의사는 일찍 발견해서 다행이라고 했고, 남편은 놀랐는지 그동안 처가에 서운했던 마음을 누그러뜨리기 시작했다.

퇴원하고 집에 돌아와 시들어가는 풀잎처럼 비실대며 누워만 있었다. 그때 병문안을 온 남편 친구가 시골 공기를 마시며 텃밭을 가꾸어 보라고 권유했다. 각종 채소를 파종하고, 특히 간에 좋다는 부추를 많이 심어 가꿨다. 몇 년 동안 주말마다 농사짓는 재미에 푹 빠지면서 건강은 완전히 회복 되었고, 남편도 땅 없는 설움을 회복했다.

남편은 밭 평수가 점점 늘어나 팔백 평쯤 되는 친구 밭에서 무, 배추, 도라지, 야콘, 고구마, 땅콩을 파종하고 수확해 이웃과 친지들에게 나누어 주는 재미에 신이 났다.

몇 년을 어설픈 농사꾼 흉내를 내며 행복해 했는데, 땅을 빌려준 친구가 그 땅에 묘목을 심고 조경 사업을 시작하면서 우리는 다시 조그마한 텃밭으로 복귀했다. 예전처럼 흥이 나지는 않지만 주말이면 열심히 각종 채소를 가꾸며 건강을 되찾게 해준 친구분의 배려에 감사할 뿐이다.

아무래도 우리 땅은 어디에도 존재하지 않는 것 같다.

반듯하고 근면하게 살아온 덕인지 주위에서는 평범한 월급쟁이인 우리가 제법 돈을 모아놓았을 것이라고 생각하는 듯 했다.

얼마 전, 올해 95세로 여전히 총명하신 친정어머니가 전화를 했다. 큰오빠가 논을 판다고 하는데 그 땅을 샀으면 좋겠다는 것이었다. 큰오빠 부부는 공무원으로 퇴직하고 남부럽지 않게 사는데, 아버지가 물려준 땅을 왜 쉽게 팔려고 하는지 섭섭함이 앞섰다.

며칠 동안 정보도 알아보고 남편과 의논 해본 결과 사고 싶지 않다고 어머니께 답변을 드렸더니 희미한 음성으로 잘 알았다고만 하셨다.

소문으로 그 땅은 내가 어릴 적 우리 집에서 상주하며 논 밭일을 도와주시던 아저씨가 샀다고 들었다. 저 세상에 계신 아버지는 이럴 땐 어떤 반응을 보일지 마음이 씁쓰레하다.

오로지 "땅과 아들이 최고" 라고 굳게 믿던 부모님의 뜻에 따라 대학 공부도 못하고 땅도 물려받지 못했다. 결국 오십 중반인 올봄에 나는 대학공부를 마치고 선망이었던 학사모를 쓰고 졸업을 했다.

고관절을 다쳐 한 걸음도 걷지 못하고 요양병원에 누워 계시는 어머니께 내 졸업사진을 보여 드렸더니 앙상한 손으로 자꾸만 쓰다듬으며 면목이 없다고 하신다.

가을이 깊어가고 있다.

고향길 가는 신작로에 줄지어 알록달록 코스모스가 가녀린 허리를 굽혀 반겨준다.

엄마가 아들만 위해 줄 때, 내 편에 서 주셨던 아버지 산소에 성묘를 하고 빈 집에 들어가 괜스레 빙빙 돌아보며 그 옛날 빨간 양철지붕 집 딸로 나를 되돌려본다.

뒤뜰 감나무엔 주렁주렁 매달린 감이 홍시가 되어 주인을 기다리고 있지만 빨간 양철집엔 아무도 돌아갈 사람이 없고 빈집으로 남게 되었다.

마을 어귀 이젠 남의 땅이 되어버린 논에서 추수를 끝내고 흩어져있는 지푸라기는 가녀린 어머니의 허리춤 같았고 쩍쩍 갈라진 논바닥은 농사일로 찢기고 굳어있던 아버지의 손을 보는 듯 했다.

사방을 둘러봐도 아버지 '땅'은 없다. 그리고 내 몫의 '땅'은 애초부터 없었다.

아들과 딸 차별이 유별나셨던 부모님에 대한 원망과 분노로 애련한 음성으로 '땅'을 사달라고 하실 때 뿌리쳤던 나는 지금 온 몸에 부끄러움이 덕지덕지 들러붙어 바윗덩이만큼 무겁다.

촘촘히 저물어가는 가을 노을빛은 두 번씩 부모님의 부탁을 거절한 속 좁은 딸임에 틀림없는 나를 아늑한 엄마 품처럼 따뜻하게 배웅한다.

고향에서 가지째 꺾어와 거실에 걸어두었던 감이 이파리 뒤에 숨어 나를 지켜본다.

아려오는 가슴을 달래 주듯이.

그래도 홍시 감을 어머니 병실에 놓아드려 고향의 냄새를 전하련다.

나무꾼 아버지

늦가을 햇살이 따스하다. 가을의 끝자락이라도 잡고 싶은데 올해도 어김없이 겨울의 첫 신호를 알리는 입동을 맞았다. 늘 이맘때면 나는 제일 먼저 아버지 모습이 떠오른다.

우리 집 월동 준비 일호는 군불 땔감이었다. 아버지 덩치보다 더 큰 나뭇짐을 지게에 얹고 비틀거리며 산에서 내려오시던 그 모습은 잊을 수가 없다. 눈 내리기 전에 헛간과 굴뚝 옆에 천정이 닿을 때까지 가득 채워 놓으면 겨울 땔감 준비가 끝나는 것으로 아버지는 겨우 굽은 등을 펴실 수 있었다. 하루가 저물어 어둑어둑 해지면 군불을 지펴 온돌방을 따뜻하게 데워 놓는 것도 아버지 몫이었다. 으레 겨울이면 우리 집 하루는 새벽에 아버지가 부엌으로 제일 먼저 나가시는 것으로 시작 되었다. 큰 가마솥에 물을 가득 채우고 장작불을 지펴 밤새 싸늘하게 식었던 방바닥이 다시 따뜻해지면 이불속에서 나오기 싫어 게으름을 피우곤 했었다. 그 데워진 물을 배급 주듯 대야에 한 바가지씩 부어주며 빨리 세수하고 학교 가라며 재촉하시던 아버지의 푸근했던 정이 그리워진다. 쌓아놓았던 나뭇짐의 높이가 서서히 낮아지면 남은 추위에 땔감이 부족하지는 않을까 다시 점검하시던 자상한 아버지의 모습이 또렷하다.

그 자상함과 절약은 끝이 없었다. 우리 오남매가 쓰다 버린 몽당연필을 주워 모아 뒤꼍에 가느다란 대나무를 베어와 홈을 파서 다시 끼워주셨지만 나는 새 연필을 사달라며 조르던 어린 시절이 떠올라 씁쓰레한 마음이다.

어느 날 학교에서 돌아와 보니 안방과 옆방 벽에 조그맣게 구멍을 뚫고 계셨다. 각방마다 달아 놓았던 백열전등을 떼고 긴 형광등을 연결시켜 방 두 칸을 밝히며 전기를 아끼려는 것이었다. 긴 줄에 매달린 솔방울 모양을 닮은 전원 스위치는 당연히 아버지가 주인이셨다. 초저녁에 서둘러 숙제를 끝내야 했고 "지금 불 끈다. 자거라." 하는 아버지의 짧은 예고와 동시에 깜깜함이 시작되는 것이 나는 늘 불만이었다.

그래도 창호지 바른 문살에 달빛이 새어 들어와 환하게 비추어

주면 사춘기 시절을 공상으로 보내기도 했었다. 이렇게 아버지의 절약을 본받으며 성장한 자식들은 도시로 모두 떠나고 부모님만이 그 시골집을 지키게 되었다.

나는 따뜻한 아파트에서 편안함을 누리면서 추운 겨울이면 불편한 몸으로 아궁이 앞에 쪼그리고 앉아 군불지피는 아버지를 생각하면 마음 한편이 아려왔다. 그런데 몇 년 전에 큰오빠가 앞장서서 시골집을 고치기 시작했다. 겨울이 오기 전에 방에 보일러 공사를 했고 부엌엔 반듯한 싱크대와 가스레인지가 자리잡고 현대식 모습을 드러냈다. 그 오랜 세월을 흙으로 된 부엌과 아궁이에 불을 지피시던 부모님은 현대 문명에 익숙지 않아 어색하다고만 했다. 방안에서 스위치만 누르면 방이 따뜻해지고 뜨거운 물이 나오는 것을 신기하다며 좋아하시던 아버지는 그 편리함도 얼마 누려보지 못하고 세상을 뜨시게 되어 나를 더욱 가슴 아프게 했다. 지금은 구순이 되신 어머님 혼자서 시골집을 지키고 계신다.

며칠 전 주말에 어머님을 뵈러 갔었다. 방에 들어가는 훈훈함보다는 냉기가 돌았다. 이웃 아주머니가 놀러 오셔서 내게 살짝 귀띔을 해준다. "자네 엄마가 기름 아끼려고 보일러를 안 돌려서 이렇게 춥게 사는 거야." 하는 것이다. 순간 온몸에 썰렁함이 스며드는 듯 소름이 끼쳤다. 눈치 빠른 엄마는 내 마음을 알아차리고 급하게 답변을 하신다. "너의 큰오빠는 기름을 꽉꽉 채워주는데 내가 아끼는 거야." 하시며 이젠 오빠도 퇴직해서 연금 받아 사는데 보일러 돌아가는 소리만 들어도 미안함이 앞선다고 하셨다.

나는 아무 말 없이 뒷동산에 아버지 산소를 찾아갔다. 갈색 낙엽들이 수북이 쌓여 옹기종기 달라붙어 묘 위에 올라앉아 있는 것을 보니 추위를 막아 줄 것 같아 안심이 되었다. 엎드려 절을 하며 "아버지! 아직도 엄마는 아버지가 군불 지펴주시던 아궁이에 빨간 장작불을 그리워하고 계셔요. 그렇지만 제 곁에 오래 머무를 수 있도록 조금만 더 지켜주세요." 부탁을 드리고 내려오는데 큰 나뭇짐을 지게에 얹고 산비탈을 내려오시던 아버지 모습이 자꾸만 아른거렸다. 적막한 농촌 마을에 뉘엿뉘엿 해지기 시작하면 굴뚝에서 모락모락 피어오르던 연기 나는 풍경을 이젠 썰렁한 추억으로만 우뚝 남겨 놓은 것 같아 서글퍼졌다.

지푸라기처럼 힘없는 엄마의 허리를 끌어안고 올겨울 따뜻하게 보내시라고 부탁은 했지만 여전히 보일러 돌아가는 소리에 마음 졸이며 군불만 지피면 따끈따끈 해지던 온돌방을 잊지 못해 그리워 할 것이다.

내가 보이지 않을 때까지 지팡이에 몸을 의지하고 손을 흔들며 오랫동안 그 자리에 서계시던 엄마 모습이 그림자처럼 따라올 것만 같다.

지게에 나뭇짐을 지고 뒷동산에서 내려오던 아버지의 모습이 떠올라 발걸음을 멈추고 한참을 서성거렸다.

나도 올 겨울엔 구순 노모의 에너지 절약을 본받아 집안의 온도를 낮추어야겠다.

돌아오는 길에 꼬불꼬불 논둑길은 아버지의 휘어진 등을 보는 것 같아 마음이 시려왔다.

보고싶은 아버지

며칠째 봄비가 오락가락하며 움트는 새싹을 촉촉이 적셔주는 오후 축 늘어진 모습으로 아버지 산소를 찾아갔던 큰 딸의 모습 기억하시지요?

아버지 오늘 병원에서 검사결과 제 몸속에 나쁜 것이 있다고 하네요. 큰 병원에 가서 이 분야에 더 전문적인 의사선생님을 찾아가 수술을 받으라네요. 저 어릴 때부터 겁 많은 것 아시죠? 어떻게 이 순간을 넘겨야할지 무섭고 떨려서 아버지한테 이렇게 제일 먼저 달려왔어요. 뭐라고 말씀 좀 해주세요. 하며……. 응석부리고 억지 부리다 엉엉 울며 눈물로 범벅이 된 얼굴을 훔친 후 가까스로 안정을 찾아 비틀거리며 집으로 돌아가던 큰 딸 모습 말예요. 그날 밤 제 꿈속에 나타나셔서 "겁내지 마라. 부디 서둘러라. 어서어서" 하시며 재촉하셨잖아요. 잠에서 깨어보니 꿈이어서 얼마나 아쉬웠는지 밤새 뒤척이다 날이 밝았어요.

아버지 이젠 맘 놓으세요. 생전에 늘 믿고 신임하시던 사위가 여기저기 수속을 밟아 수술도 해주었고 지극 정성으로 간호해준 덕에 지금은 많이 회복해서 덤으로 산다는 생각으로 하루하루 감사하는 마음으로 보내고 있어요. 아참! 병원에 입원해 있는 동안 아버지가 예뻐해 주시던 막내딸이 와서 간호해줬어요. 제가 짜증도 부리고 귀찮게도 하며 힘들게 했지만 싫은 내색 않고 모두 받아주며 마치 자기가 언니라도 된 듯 의젓하게 잘해줘서 제 마음이 조금은 더 편안했었어요. 정말 고맙고 미안했지요. 잊지 못할 거예요.

큰 오빠가 병문안을 왔었는데 아버지를 꼭 닮은 모습을 보는 순간 엉엉 울어버렸어요. 아버지의 따뜻했던 사랑이 그리워 더 응석부리고 싶었고 마음이 약해지더라고요. 호흡기에 의존하면서 고통받던 아버지 얼굴에 제 얼굴을 맞대고 비벼대며 엉엉 울었던 그날처럼 말예요.

아버지! 엄마한테는 숨기려고 했는데 워낙 눈치가 빠른 분이라서 들켜버렸어요. 퇴원해서 집에 오던 날 깨죽을 끓여서 식기 전에 먹어야 한다며 밤중에 갖고 오셨더라고요. 사실 저는 그때 아무것도 못 먹었을 때인데 엄마의 성의에 조금 떠먹는 시늉만 했어요. 자식에 대한 엄마의 남다른 애틋한 성품 아시죠? 사위에게 "요즘 의술이 좋은데 유명한 곳 좀 더 알아보고 데리고 다니면서 고쳐주게." 하시며 애원하듯 부탁하는 모습에 남편은 걱정마시라며 웃기만 했어요.

아버지 핏기없는 얼굴과 시들해진 몸을 일으켜 자신과 투쟁하면서 걷기 운동을 매일하며 조금씩 체력을 쌓아가고 있어요. 이렇게 노력한 결과 자주 검사받으러 가던 병원도 이젠 일 년 후에 오라고 하네요. 뛸 듯이 기쁘지만 집안일 좀 해보면 피곤이 빨리 와 자주 눕게 돼요.

아버지, 남편의 도움이 없었다면 지금쯤 고통과 슬픔에서 허우적거리다 제 인생은 망쳤을 거예요. 건강함이 보답하는 길이라 생각하고 음식과 운동에 늘 관심을 갖고 노력하고 있어요. 아버지도 이 기회에 사위칭찬 좀 해주세요.

아버지! 엄마는 아직도 걱정과 의심이 많으세요. 얼마 전에 엄마 뵈러 갔을 때 제 가방에서 영양제 한 알 꺼내서 먹는 것을 보시고 또 어디 아파서 먹는 약이냐? 하시며 꼬치꼬치 캐물으시며 놀라시더라고요. 병원은 언제 갔다 왔냐? 뭐라고 검사결과 나왔냐? 밥은 잘 먹느냐? 어떤 음식이 좋다더라. 어떤 야채가 좋다던데……. 등등 하시며 자주 전화하세요. 그래서 오빠들과 제가 엄마성씨를 따서 박 박사라고 별명을 붙여드렸더니 "그래, 나 박사다. 내말 들어서 안 된 것 있더냐?" 하시며 스스로 박사로 인정하시네요. 원래 엄마가 재치와 유머가 좀 있으시잖아요.

아버지! 요즘 엄마도 워낙 노환으로 지팡이에 몸을 의지하며 약한 모습을 자주 보이세요. 병원 출입횟수도 많아졌고요. 하지만 아직은 아버지 곁으로 보내드리고 싶지 않아요. 더 응석부리며 못다 한 효도와 제가 해드려야 할 몫이 너무 많아요. 며칠 후면 여든 아홉번째 엄마 생신이네요. 온 가족이 모여 맛난 음식과 정성을 다해 축하해 드리며 "형제간의 늘 화목하게 우애있게 잘 지내라." 하시던 아버지의 유언을 받들어 이 가을에 낙엽이 차곡차곡 쌓이듯 형제간의 정을 쌓아가며 알콩달콩 부딪히며 살게요.

창틈으로 새어들어 오는 가을공기가 차갑게 느껴지는 요즘 아버지가 군불을 지펴 따끈따끈 데워놓으시던 아랫목이 그립기만 하네요. 불러보고 싶은 아버지…….

아버지의 우산

비가 오는 날엔 어릴 적 고향 집 양철지붕이 가장 먼저 생각난다.

이슬비, 소낙비를 구분 할 만큼 각기 다른 두드림의 소리를 내어주던 양철지붕은 일기예보를 대신해 주었다.

장맛비에 못 견디고 뒤뜰에서 감이 떨어지기라도 하는 날엔 양철지붕은 폭발음을 내며 온 가족들을 잠에서 깨어나게 하는 놀라운 위력을 뽐낸다.

양철지붕이 잠잠할 때는 편안하게 잠을 잘 수 있지만 새벽에 우두둑 소리라도 내면 아침에 학교에 쓰고 갈 우산 걱정으로 잠을 설칠 때가 자주 있었다. 농촌에서 변변한 우산이 없던 시절 비만 내리면 새벽에 몰래 나와서 뒤곁이나 헛간에 들어가 반듯한 우산을 찾아내어 나만이 알 수 있는 곳에 숨겨놓고 시침을 떼고 있었던 기억이 생생하게 떠오른다.

새벽잠도 잊고 감추었던 새 우산을 형제들은 서로 뺏고 쟁탈전을 벌이다 결국 찢어진 우산을 쓰고 학교에 가는 날엔 누가 쳐다보기만 해도 창피해서 고개를 푹 숙이고 땅만 내려다보고 걸었다.

딸의 마음을 알아차리고 아버지는 농사일로 뚝살이 박힌 손으로 얼기설기 실로 꿰매 새 우산으로 고쳐놓았다며 써보라고 서두르시던 모습이 아직도 선하게 떠오른다.

대나무로 기둥을 세우고 한지에 기름을 바른 듯 매끄럽고 도톰한 종이우산은 비바람이 함께 쳐들어오는 날엔 힘없이 폭삭 무너져 비를 흠뻑 맞게 하며 나의 몰골을 처참한 모습으로 만들어 놓고 홱 집어던져져 무참하게 버림을 받았다.

요즘은 우산도 옷 못지않게 화려하다. 그리고 어린이용, 성인용으로 구분되어서 편리하게 나와 있고 유치원 어린이가 쓸 수 있는 아주 작은 우산도 있다. 젊은 아가씨들은 화려한 레이스로 치장한 멋스러운 우산을 쓰고 있는 것을 볼 수 있다. 색상도 어쩌면 그렇게 다양한지 비올 때만 사용하기엔 아까울 만큼 곱다.

여름에 주로 여성들이 많이 찾는 양산은 패션수준으로 문양이 세련되고 색상도 다양하다. 가끔 우산과 양산을 혼돈하며 급할 때는 비오는 날에도 양산을 가지고 나갈 때가 종종 있다. 특히 장마철에 비가 자주 오는 날 우산을 갖고 나갔는데 갑자기 맑은 하늘에 햇빛이 들게 되면 여지없이 우산을 펴들고 양산대용으로 쓰던 경험이 있다.

나는 우산에 대한 집착이 남아 있는 것인지 새 우산을 받으면 기분이 좋아 포장도 뜯지 않고 차곡차곡 쌓아놓고 비오는 날엔 헌 우산을 쓰고 나가는 내 모습에서 어린 시절 찢어져 볼품없던 우산의 추억이 새 우산을 아끼는 궁색함이 아직도 내안에 남아있다.

이런 내 모습과는 달리 우리 아이들은 집에서 들고 나간 우산을 쉽게 잃어버리고 들어오면서도 다시 그 우산을 찾아오려고 노력도 하지 않는다. 오히려 우산살이 끊어져 몇 바늘 꿰매고 있는 나를 못 마땅해 한다.

가끔 비오는 날 학교 앞을 지날 때면 엄마들이 우산을 옆에 끼고 아이를 기다리는 풍경은 지난 날 나를 보는 것 같다.

아이와 함께 빗물을 튕기며 집으로 돌아오는 우산 속에서 종알종알 학교에서 있었던 여러 가지 이야기를 들려주며 깔깔거리던 웃음소리가 그리워지는데 이젠 성장한 자식들이 연인을 만나 커다란 우산 속에서 어깨를 나란히 하고 소곤소곤 사랑을 키워가고 있는 모습엔 동심이 보이지 않는다.

고향집 양철지붕은 방안에 있어도 비 소식을 전달해주어 미리 우산을 준비하고 외출할 수 있었는데 아파트에 살다보니 무심코 나가다보면 비가 오고 있을 땐 우산도 없이 낭패를 당하게 된다.

아버지는 양철지붕이 울려주는 빗소리만 듣고도 농사에 이로운 비인지 해로운 비인지 구별 할 줄 아는 지혜로움으로 대처해 나가셨다.

나는 우산 차지할 걱정뿐인 철없는 딸이었는데 아버지는 농사 걱정으로 날이 밝기만을 기다리다가 짚으로 엮어 만드신 도롱이를 어깨에 두르고 논밭을 둘러보러 나가셨다. 도롱이는 비를 맞지 않게 우산역할을 해주는 재래식 우장의 한가지인데 비 옷차림과 비슷한 것으로 주로 농촌 산간벽지에서 많이 사용하던 것이다.

늘 부족한 수량의 우산은 아버지 몫까지 차지할 수 없다는 것을 알아차리시고 으레 비가 오면 헛간에 걸어두었던 도롱이를 걸치고 거센 빗줄기를 맞으며 농로에 물꼬를 확인하러 논밭으로 나가셨다. 용케도 짚으로 만든 도롱이는 어설픈 우산보다 아버지를 제법 잘 지켜 주었다.

가을에 추수가 끝나면 지푸라기를 잘 다듬어 마당에 앉아 도롱이를 엮으시던 아버지의 두꺼비 등처럼 굳어있던 손을 떠올리면 아직도 울컥함이 솟구치며 아른거린다.

밖에는 봄비가 나뭇가지의 새싹을 적셔 주며 살포시 내리고 있다. 어린이들이 학교에서 집으로 돌아가는지 빨강, 노랑, 꽃무늬 우산을 쓰고 힘겨운 듯 비틀거리며 걸어가고 있다.

고향 골목길 처마 밑에서 비를 피하며 웅크리고 앉아 빗방울이 똑! 하고 떨어지면서 만들어지는 동그라미를 주시하며 비가 그치기만을 기다렸던 내 모습과는 사뭇 다른 풍경에 마음이 촉촉해진다.

내가 중학교에 다닐 때 아버지가 읍내 장에 나가셔서 검정색 우산을 몇 개 사 오셨는데 남자색이라며 맘에 안 들어 투덜거렸더니 그럼 우산 위에 네가 좋아하는 분홍색 보자기를 덮어 꿰매준다고 하셨다. 나는 그것도 싫다며 울음을 터뜨리고 말았다.

지금은 아버지가 엮어주는 도롱이를 선물 받고 싶다.

주인 잃은 벨소리

바닥엔 넙적한 돌이 깔려있고 양옆엔 소나무가 줄 맞추어 길게 늘어선 좁은 오솔길 모양을 하고 있는 아파트 뒷길을 나는 좋아한다. 몇 년 전 수술한 부위에 복대를 두르고 허리를 구부린 채 이 길을 몇 번이고 반복해서 걸으며 건강을 회복하기 위해 자신과 투쟁을 하던 곳이다.

매일 찾는 곳이지만 새롭고 싫증을 느끼지 않으며 나만의 길로 벗을 삼고 싶은 욕심이다.

그날도 수많은 공상을 떠올리며 이마에 땀이 송골송골 맺힐 때쯤 걷기를 끝내고 집에 돌아와 현관에 들어서는데 운동화도 벗기 전에 주인을 기다렸다는 듯이 전화벨소리가 쉬지 않고 울려댄다.

숨을 헐떡거리며 수화기를 들었더니 급한 목소리로 누군가 "어머님이 돌아가신 것 같아요. 우리는 지금 가고 있어요." 하고는 말할 기회도 주지 않고 전화는 끊어졌다. 넋을 잃고 전화기 옆에서 꼼짝도 못하고 서있었다. 믿기지 않아 어머님 전화번호를 눌러 보았다. 신호만 울릴 뿐 당당했던 어머님 음성은 들을 수 없었다. 큰 소리로 남편을 부르고 이 소식을 전하니 "무슨 소리야? 편찮으셔서 병원에 가셨겠지." 하며 여유있게 옷을 챙겨 입으며 서두르지 않는다. 내가 먼저 가 보고 연락할테니 집에서 기다리라며 택시를 타고 떠났다.

한 시간이 지나서야 전화벨이 울렸다. 떨리는 손으로 수화기를 들어 귀에 대었다. 조금 전엔 믿지 않고 여유를 부리던 남편이 가라앉은 목소리로 한숨을 쉬며 "어머님이 돌아가셨어. 지금 영안실로 모실거야. 그곳으로 와." 짧게 말하고 짤깍 끊었다.

순간 전화를 움켜잡고 다시 벨이 울려주기만을 기다렸다. 그냥 병원에 치료하러 가셨다는 기적 같은 소식이 수화기에서 흘러나올 것 같은 간절한 마음으로 그렇게 기다리고 싶었다. 믿을 수 없는 일이 현실로 찾아온 것을 거부하면서 택시를 타고 영안실에 도착했다.

친지 가족들과 형제들이 모두 모여 놀란 표정과 슬픔으로 조심

조심 장례식 절차를 의논하고 있었다. 어머니는 아무도 없는 당신 집에서 유언도 남기지 못하고 홀로 생을 접은 것이다.

호수처럼 잔잔한 성품은 아니었지만 넓고 푸른 바다처럼 통 크고 쩌렁쩌렁 울리는 목소리는 늘 상대방을 주눅들게 했다. 그 옛날 보기 드물게 꽃가게를 하시며 남다른 솜씨로 하얀 종이에 갖가지 색소를 풀어 직접 물을 들여 말린 후 그 종이를 접어서 여러 종류의 꽃을 생화처럼 만들어놓으셨다.

사월초파일이 다가오면 연꽃 등 주문이 많아져 어머니는 더욱 바빴다. 손가락마다 빨강, 노랑, 색칠해 놓은 듯 오래도록 지워지지 않았지만 조금도 부끄러워하지 않았다.

비단같이 부드러운 손은 아니지만 섬세한 기법으로 꽃 만드는 솜씨에 아주 능하셔서 자랑하고 싶을 때가 많았다.

언제나 흐트러지지 않고 화장대 앞에 앉아 곱게 분바르고 유난히도 눈썹을 두툼하고 진하게 그리셨다. 가끔 눈썹을 너무 진하고 길게 그리셨어요. 하고 지적을 해드리면 자존심이 강한 어머님은 싫어하면서도 다시 거울 앞에 앉아 이쪽저쪽 비추어보며 지우고 그리기를 몇 번 해보지만 변함없이 진하고 두툼한 눈썹을 고집하며 살짝 미소 짓던 모습을 떠올리니 가슴이 뭉클 치밀어 올라온다.

자식들에게 무언가 하고 싶은 말씀이 있으면 늦은 밤이든, 새벽이든 구분하지 않고 전화를 자주 하셨다. 놀라서 받고 보면 중요한 것도, 급한 것도 아닌 것을 알고 우리는 귀찮아하며 투덜거렸는데 이젠 그 벨소리는 영원히 들을 수 없게 되었다.

명절 때 자식들과 손자 손녀들을 모두 불러 모아 장기자랑을 하게 하셨다. 이때도 용기 없이 주춤거리면 큰소리로 혼을 내셨다. 남에게 지는 것을 유별나게 싫어하던 어머님은 용감하고 자신감을 갖고 있는 손자들을 자랑하고 싶어 했고 용돈도 두둑이 건네주는 배짱 좋은 할머니로 인기가 좋았었다.

언제나 겁 없고 큰 대들보처럼 우리 집안에 버팀목이 되어주던 어머님과의 이별 앞에선 우리 모두는 눈물밖에 보여줄 것이 없었다.

해가 뉘엿뉘엿 저물어가던 오후 늦게 전화를 하셨다. 안경이 불편해서 바꾸고 싶다는 것이다. 선뜻 맞추어 드렸더니 애들처럼 여러 번 써보시며 좋아하시더니 영정 사진 속에 그 안경과 진한 눈썹을 하고 떠나시는 모습은 오래도록 내 안에 남게 될 것이다.

반짝이가 붙은 옷을 즐겨 입고 창이 넓은 모자를 쓰고 멋쟁이 할머니로 불리며 외출하던 모습은 이젠 가끔 꿈속에서만 볼 수 있게 되었다. 이렇게 우리 곁을 떠나셨지만 아직도 내 수첩 속엔 어머님 전화번호를 지우지 못하고 또렷이 적혀있다.

조금은 냉정하면서 반가운 듯 누구냐! 하시던 어머님의 우렁찬 음성은 들을 수 없게 되었지만…….

인삼의 향기

여름 장맛비가 오락가락 변덕을 부린다. 이런 날은 인삼향기가 그윽한 내 고향집이 떠오른다. "말골동네"란 이름으로 불리는 초가지붕이 옹기종기 모여 있던 마을이다. 시골 어디에서나 볼 수 있는 평범한 농촌의 이웃사람들은 인정이 넘쳤었다. 앞에는 낮은 산이 펼쳐있고 봄이면 분홍빛으로 온 동네를 수놓았던 진달래꽃은 우리들 마음을 설레게 했다. 포장이 안 된 신작로 자갈밭길 저편에 친구들과 물장구치며 놀던 시냇물이 햇빛을 받아 반짝거렸다. 종종 엄마 치맛자락을 붙잡고 따라 다니던 빨래터도 생각이 난다. 나는 엄마가 빨래를 하는 동안 주변에 있는 솜털모양의 버들강아지를 꺾어 내 얼굴을 간지럽히며 징검다리 위에 쪼그리고 앉아 송사리 떼를 구경하는 것을 아주 좋아했다.

아침마다 처마 밑에 제비들의 합창소리에 잠을 깨고 우리 집 강아지 바둑이의 배웅을 받으며 학교 가는 길은 마냥 즐거웠었다. 자갈이 깔린 신작로 옆엔 인삼밭이 죽 늘어서있고 흙먼지를 일으키며 어쩌다 자동차가 지나가면 앞이 보이지 않아 한참을 서있기도 했던 기억이 난다. 우리 아버지도 이 마을 특산물로 이름난 인삼재배를 하셨는데 어느 해 여름 장마철에 폭우가 쏟아져 인삼밭이 물바다로 변해버렸다. 인삼이 둥둥 떠내려가고 아버지는 인삼을 한 뿌리라도 건지려고 물속으로 들어갔다가 급류에 휩쓸려 위험한 고비를 겨우 면하기도 했다.

순식간에 인삼밭을 훑고 지나간 폭우는 몇 년을 공들인 아버지의 마음을 허물어 뜨렸다. 우리 가족 모두는 침통한 모습으로 절망에 갇혀있는 아버지를 위로해드리지 못했다. 겁 많은 나는 아버지 옆에 붙어 앉아 슬픈 표정만 짓고 있었다.

말골동네에서는 아버지의 인삼재배 기술이 최고라고 소문이 나 있었다. 장마가 쓸고 간 후 다시 도전해서 넓은 인삼밭을 가꾸게 되었을 때 아버지 얼굴은 웃음이 번졌다. 어느 날 학교에서 돌아와 보니 많은 인삼을 수확해서 안마당에 수북이 쌓아놓고 인삼향기 속에 묻혀 동네사람들과 잔치를 벌이고 있었다.

다음날 새벽 아버지는 택시를 불러 타고 읍내 인삼시장에 다녀오셨다. 나는 이불속에서 살짝 눈을 떠보니 많은 돈을 방바닥에 풀어놓고 손에 침을 묻혀가며 한 장 한 장 세고 있는 아버지 어머니를 보았다. 그렇게 몇 번씩 센 돈을 엄마는 보자기에 꼭꼭 묶어서 장롱 깊숙이 넣고 열쇠로 잠그어 놓았다.

며칠 후 아버지는 어색한 넥타이를 맨 신사복 차림에 중절모를 쓰고 큰 버스를 타고 외출하셨다. 늘 도시에 집 한채를 마련해 놓고 싶은 소원을 갖고 계셨던 아버지는 그날 빨간 양옥집을 사놓고 오셨다고 했다.

아버지의 꿈과 희망을 안겨다 준 것은 바로 인삼재배였다며 어둠이 깔리면 우리 집 무섭게 생긴 검둥개를 앞세워 인삼밭 도둑을 지키러 가셨다. 어린 나는 그곳이 궁금해 아버지를 졸라 따라가 보았다. 긴 밤 목마름을 적셔줄 노란양은주전자에 물을 담아 찔끔찔끔 흘리며 오솔길을 걸어갔다. 초가지붕 문을 열어보니 흙냄새가 방안 가득하다. 뒷산에 세찬 바람에 아우성치며 나뭇잎 부딪치는 소리는 가까이 갈 수 없을 만큼 무서웠고 문 틈새로 찾아온 실바람이 자꾸만 호롱불꽃을 흔들어댔다. 한사람 겨우 누울 수 있는 좁고 초라한 오두막집에서 웅크린 채 뒤척이다 날이 밝았다.

그날 밤 그을음을 심하게 내뿜던 호롱불은 내 코밑을 까맣게 색칠해 수염을 그려놓았다. 아버지가 떠나신 후 우리 집 앞마당에 가득 풍겨주었던 인삼의 향기는 훌훌 날아가 버렸지만 인삼밭 지킴이 초가지붕 오두막집의 호롱불빛은 아직도 내 어린시절을 밝혀주고 있다.

말 한마디

큰오빠는 엄격했다. 동생들에게 어렵기만 한 맏아들이었다.

나는 아주 사소한 일로 오빠를 이해할 수 있게 됐고 어린 시절에 용기를 얻었다.

어느 날 동생들 모두에게 일기장을 가져오라고 했다. 한참을 읽어보더니 말했다. "거참, 내용이 매우 아름답구나." 듣기 좋으라고 던지는 과장되거나 가식적인 말이 아니었다. 오히려 듣지 못했을 만큼 무심하게 말했다. 미처 듣지 못한 다른 형제들이 "뭐라고 했냐."고 묻자 엄한 표정과 진솔한 말투로 똑같은 말을 반복했다.

특별히 귀중한 내용도 아니었고 유난히 글이 좋은 것도 아니었다. 우연히 그날 감자 캐던 경험을 쓴 것인데 감동 받은 것 같다고 생각하면서도 입 꼬리가 귀로 달려갔다. 그 전에도, 그 후에도 내 일기장을 읽고 나의 노력과 글 솜씨를 그토록 엄하게 대접해주는 말을 누구에게서도 들어본 적이 없다. 오빠의 그 한마디는 지금까지도 내 인생에서 힘이 되고 있다.

두 아이를 낳은 뒤 모두 성인이 되어 어렵사리 발을 내디딘 문단 공부는 막막한 사막이었다. 문학 창작을 배우면서 과분한 스승을 만났다. 문학뿐 아니라 인생에서도 존경하는 스승을 뵈러 갈 때면 주눅이 들고 더 큰 부끄러움이 앞섰다. 간신히 스승 앞에 앉으면 감히 수필에 대해 운운할 수 없어서 엉뚱한 말로 우왕좌왕 할 수밖에 없었다. 어쩌다 졸작을 염치없이 내밀고 평을 듣는 날엔 나오는 걸음이 허방을 짚기 일쑤였다. 그렇게 집에 돌아오는 날이면 괜히 내보였다는 후회에 얼굴이 벌겋게 달아올랐다. 글의 내용과 구성을 조금이라도 칭찬을 해주시면 나는 힘을 얻었다. 설령 다른 글은 읽을 수 없을 만큼 형편없다 해도 다시 일어나 사막을 걸어갈 힘을 주기에 충분하다고 생각한다.

몇 해 전 돌아가신 시어머님을 잠깐 모시고 살았다. 갓난아이와 노인은 돌보기 나름이라고 알고 있었는데 남달리 총명하셨던 시어머님께서는 뜻밖의 치매증세로 고생을 하셨다. 처음에는 조금 이상하다 싶어서 고개를 갸웃거리는 정도였는데, 점점 예상치 않은 행동을 보이기 시작했다. 행동과 기억력이 장애가 와서 모든 말을 '아저씨 아줌마'로 대신했다. 그리고 밥상을 차려놓으면 아들에게도 "아저씨, 식사하세요."라고 부르는 시어머님과 함께 살면서 수없이 마음의 죄를 지었다. 그 말씀에 가끔 숨이 넘어가라고 웃었기 때문이다.

종일 귀에 따갑게 들리는 시어머니의 "아저씨 아줌마"라는 말이 괴롭지 않았다. 그나마 내 죄가 덜해질 수 있었다.

요즘 우리의 말은 듣기 거북할 만큼 가벼워져가고 있다. 통신매체, 종교단체, 정치판에서도 말은 제멋대로 휘날리며 사방으로 날뛴다. 점점 머리가 앞서가지만 반면 마음은 쓰지 않으려는 탓이기도 하다. 사람은 현대 문명을 겪으며 편해질수록 이기적이 되지 않기 때문이라고 생각한다.

가정에서 아이들에게 말을 하는 입장에서 나도 듣는 이의 입장을 고려하지 않고 상처를 주는 일은 절대 하지 말아야겠다. 성낸 듯 헝클어진 말을 나오는 대로 하는 것이 아니고 우물의 맑은 물을 조심스럽게 두레박으로 떠내는 마음으로 하는 말, 그런 말이라면 누구에게도 위로와 용기를 주게 될 것이다. 말은 무의식중에 자기의 생각이나 마음을 보여준다. 그러기에 편견을 갖지 않고 자연스럽게 아름다운 말만 하기가 쉽지 않다.

살다보면 때로는 말보다 침묵을 더 신뢰하고 공감하며 진실에 가깝게 여기는 것 같다. 매끄러운 말솜씨로 사람들을 휘어잡고 위대한 것처럼 포장해 나가는 특히 선거 때마다 한 표를 호소하러 나온 사람들을 보면 이젠 식상해 보인다. 말보다 침묵이 행동과 진실에 가까이 닿아있기 때문일 것이다.

엘리베이터를 타고 내려가는데 앞집어른이 예뻐졌다고 먼저 말을 건넨다. 내게는 가까이에 이런 분들이 계셔서 행운이다.

그런데 나는 누구에게 무슨 말을 해주며 살고 있는 것일까.

제2부

인생은 하프타임

신년운수

해가 바뀌고 정초가 되면 궁금한 게 많다. 그래서인지 신년운수를 보려는 사람들을 주위에서 쉽게 볼 수 있다.

나도 가끔 주변에서 유혹이 날아들면 귀가 솔깃해진다.

너무너무 잘 맞히는 족집게니까 한 번 가보라는 말에 흔들리게 된다. 그런데 소문난 점집은 예약을 해야 할 만큼 정초에는 사람들로 붐빈단다.

기대 반 불안감 반 심정으로 점쟁이와 예약한 시간에 찾아가 이름과 생년월일에 태어난 시까지 낯선 사람 앞에 밝히고 앉아 있으려니 쑥스럽기도 하고 미래를 듣는다는 것에 덜컥 겁도 난다.

여러 소리 중에 건강에 조심하라는 말은 가장 불안했고 올해 귀인이 나타날 거라는 말엔 귀가 쫑긋하게 한다. 혼기 가득 찬 딸이 있는 나에겐 그 귀인은 분명 사윗감이라고 믿고 싶었기 때문이다. 그런 말을 듣고 나니 마음이 요상해진다. 사람들을 만나게 되면 혹시 선 자리라도 들어오는 게 아닌가 하고 슬슬 점쟁이 말이 떠오르니 말이다.

혹시 귀인이 언제 나타날까 누굴까 궁금증을 갖다보니 만나는 사람들이 요즘 부동산경기는 어떻고 어디가면 좋은 물건을 싸게 살 수 있고 어느 병원에 가면 명의를 만날 수 있다는 등 정보를 듣게 되면 그 사람들도 귀인으로 여겨진다.

그렇다. 은은한 향기로 매혹적인 자태를 뽐내는 장미나 흰 백합만 꽃이 아니듯이 아무도 관심 갖지 않는 풀숲에서 피어있는 들꽃도 꽃으로 봐주며 스치면 귀인인 것이고 내 곁에 머물러 준 사람들이 귀인이지 먼 곳에 있는 것이 아니라는 것을 일깨워준다.

그런데 난 점쟁이가 말해준 '귀인'을 합리화 시켜보려고 엉뚱한 것에 짜 맞추려고 하는 어리석음을 되풀이하고 있는 것이다.

살아오는 동안 좋은 사람도 만나게 되고 때로는 정말 마땅찮은 사람을 만나 곤혹을 겪을 때도 있었다. 내 부족함을 훌륭한 분을 만나 학문을 익히며 채워진 것도 많았지만 못마땅한 사람들한테 상처도 받은 적도 있어 깨달은 점도 있다.

점쟁이가 꼬집어 말하는 '귀인'은 무엇을 의미하는지 난 아직도 해답을 찾지 못하고 이러쿵저러쿵 억지를 부리는 것이다.

점집을 찾는 사람 대부분은 일이 잘 풀리지 않거나 근심을 한두 가지씩 들고 오게 마련인데 순서를 기다리면서 각자의 사연을 들어보면 자식혼인문제, 사업실패, 집 이사가는 방향 알아보기, 건강 상담까지 모두 나름 심각한 수준으로 표정 짓고 있는 모습을 하고 있었다.

사람이 살면서 호락호락 쉽게 넘어가지 않는 것이 무궁무진한데 특히 자녀의 대학입시를 앞두고 안절부절 불안해하며 어느 대학으로 원서를 넣으면 합격할까요? 하며 점쟁이 말에 의존하려는 모습엔 과학이 앞서나가는 이 시대에 지극히 인간의 나약함을 엿볼 수 있었지만 나는 왠지 동정심이 요동쳤다.

얼마 전의 일이다. 교회에 나가며 거룩하신 하느님을 부르짖던 사람한테서 연락이 왔다.

자식이 마흔이 되도록 결혼을 하지 않아 초조하고 불안해하며 용한 점집 어디 있는지 알 수 없냐고 묻는 것이다. 나는 곧바로 "웬일이래요. 믿을 수 없다더니" 조금은 비웃음 섞인 말투로 되물었더니 자식 일에 부모가 뭘 못해 보겠냐며 점집까지 같이 가달라고까지 하면서 서두르는 것이다.

나도 주변 사람들 소개로 아는 곳에 데리고 갔지만 용하게 잘 보는지 알 길을 없었기 때문에 그냥 답답함에 참고로 보는 것에 만족하라고 미리 일러두었다.

점괘가 잘 나왔는지 표정이 밝아서 다행이었다. 정말 용한 점집이었는지 그렇게 애태우던 그 집 아들은 얼마 후에 결혼을 했다. 그리고 그 분은 오래도록 종교를 갖지 않더니 개종을 했다고 연락이 왔다. 새해가 되면 신년운수를 보러 다니며 자식 일이라면 체면도 아랑곳하지 않고 두려움도 잊은 것 같았다.

나도 건강 조심하라는 점쟁이 말에 소화가 안되는 것 같으면 불길한 생각을 하게 되고 약간 어지럽거나 어깨가 결려도 예민하게 신경이 쓰이게 되는 것은 사실인데 떨쳐내지 못하고 마음속에 가두어 놓고 살면서 자꾸만 영향을 받게 되는 것은 묘한 심리상태에서 벗어나지 못하는 것 같다.

시골에서 어머니가 뒤뜰에 자리한 장독대에 물을 떠놓고(정한수) 두 손 모아 높이 올려 손바닥을 비비면서 가족의 한 해 동안의 무탈함을 빌었던 모습이 생생하다.

신년이 되면 어느 신께 의식을 드리는지 알 수 없지만 물 한 그릇 앞에서 정갈함과 정성으로 두 손 모아 고개 숙이며 공을 들이는 모습은 옆에서 숨소리도 낼 수 없을 만큼 엄숙하기만 했었는데 덩달아 나도 소원을 빌었던 기억이 남아있다.

그랬던 어머니는 지금 구십 중반의 연세가 되었는데 뵈러 갈 때마다 “나 언제 죽는지” 점집에 가서 물어보라며 아이처럼 보채신다. 어머니도 아마 신년운수가 궁금한가보다.

나는 그래도 신년운수에 귀인을 만날 것이고 귀인이 나타날 것이라는 솔깃하게 만든 말이 막힘없이 실타래처럼 술술 풀리는 한 해가 될 것 같은 얄팍한 기대를 갖게 한다.

‘귀인’이라는 말의 본래 해석은 신분이나 지위가 높은 사람이라는 뜻을 나타내고 있는데 점괘는 이런 뜻을 간직한 것인지 또 다른 방향의 기적 같은 것을 지니고 있는 것인지 알 길이 없다.

그렇다면 나는 진작부터 귀인을 만난 것이 틀림없다. 신분과 학식이 높으신 스승을(교수님) 만나 만학의 꿈을 이루었으니 훌륭한 ‘귀인’이 아니겠는가. 결국 귀인은 갑자기 툭 튀어 나오겠지 기대한 것은 어리석었던 것이다.

신년에는 모든 사람들에게 ‘귀인’이 나타나 꿈을 쫓아가는 방향을 올바르게 이끌어 줄 것이라고 새해 점괘로 내놓고 싶다.

그리고 나는 ‘족집게 점쟁이’ 덕분에 각별히 건강을 조심하며 내가 만나고 있는 모든 사람들을 소중한 귀인으로 사랑하며 더 자세히 살필 것이다.

밤송이

창틈으로 비집고 들어온 초가을 햇살이 따스한 느낌을 주는 일요일 느긋하게 늦잠도 자고 게으름을 부리고 싶다. 하지만 오늘은 부모님 산소에 가기로 했다. 제초기로 몇 일 전에 벌초를 했지만 깊게 파고들은 잡초들이 그대로 남아있어 추석 전에 정리를 해줘야 하기 때문이다. 서둘러 여러가지 간식을 준비해 넣고 호미와 낫도 챙겨 차에 올랐다. 조상님들의 가르침을 잘 따르기라도 하듯 도로는 죽 늘어선 벌초 가는 차량들로 붐비었다. 남편도 빨리 부모님을 뵙고 싶은 마음이 앞서는지 급해 보인다.

창밖으로 보이는 먼 산에서도 서서히 알록달록 물들일 채비를 했고 길가엔 이슬 젖은 분홍빛 코스모스가 고단함도 잊은 채 바람에 흔들리며 너울너울 춤을 춘다.

언제나 이 길을 지날 때면 부모님을 떠올리며 많은 생각을 하게 된다. 늘 조용하고 자상한 성품을 지닌 아버님의 일기장에서 자식들에게 받은 용돈을……. 그리고 가끔 어머님이 빌려가서 빨리 갚지 않았다는 내용을 발견하고 그 유머와 재치에 슬픔을 잠시 접고 떠들썩하게 웃었던 일과 몇 년 후 어머님은 치매로 고생하시다 갑자기 돌아가셨기에 가족들의 마음을 더욱 아프게 했다. 그 후 부엌 찬장 그릇 속에 숨겨둔 돈이 발견되었고 금목걸이는 장롱 깊숙이 숨어 있었다.

둥둥 구름만큼이나 지난날이 스쳐지나가는 동안 차는 가다 서다를 반복하며 산소 입구에 도착했다. 좁은 오솔길 옆 긴 풀잎은 바람에 스치는 소리를 내며 우리를 반겨준다. 단정히 머리 빗고 정갈한 옷으로 갈아입은 듯 말끔히 정돈된 두 분의 산소 앞에 절을 하고 곧 작업을 시작했다. 억센 넝쿨을 걷어내고 깊게 파고들은 잡초를 호미로 뽑아내고 향나무와 주목나무는 잘 다듬어 모양을 내주었다.

가을 햇빛은 등을 달구어 후끈해졌고 우리는 땀을 닦으며 잠시 주위풍경을 빙 둘러보았다. 도란도란 얘기소리가 희미하게 들려와 옆길로 올라가보니 이 근처에 살고 있는 육촌형님내외분이 와 있었다. 까맣게 그을린 얼굴에 순박한 웃음을 지으며 서로 반갑고 정갈스럽게 안부를 묻고 인사를 건넸다. 여름내 비가 자주 와서 고추농사에 힘들었던 일 농촌에서 애들 교육문제로 어려운 일 등 애환을 죽 펼치더니 "아! 이렇게 시기를 맞춰서 오기도 쉽지 않은데 지금 밤 따러 가는데 정말 잘 왔네." 하더니 우리를 밤나무 밑으로 안내했다. 갓 떨어진 밤송이가 여기저기 나뒹굴며 누워있는 모습은 주인을 애타게 기다리는 듯 했다. 한 톨이라도 놓치고 싶지 않은 욕심에 산을 오르락내리락 바쁘게 움직이고 가시가 찔려도 모르는 체하며 알밤 줍는 일에 신이 났다.

날짐승들까지 보듬었던 조상님들의 높은 지혜가 우리 농촌에 아직도 전해 내려온다는 것을 알고 얼마간의 밤은 줍지 않고 남겨놓은 채 내려왔다. 한곳에 수북이 부어놓고 나뭇잎과 잡티를 털어내고 자루에 담아 정리를 한 다음 잠깐 밤나무 밑 그늘에 둘러앉아 준비해온 음식을 나눠먹으며 싱그러운 풀잎향기와 맑은 공기에 취해 빠져나오고 싶지 않았다. 농촌엔 일손이 부족한데 오늘은 우리가 도와줘서 쉽게 끝냈다며 좋아했다.

돌아오는 길에 밤 한 자루를 건네주며 추석 차례상에 올리라고 했다. 이렇게 받아온 밤은 크고 인물 좋은 것으로만 골라 추석날 아침 큰댁으로 가져가 두꺼운 갈색 옷을 벗기니 뽀얀 살결을 내민다. 마치 한가위 둥근 보름달을 닮은 모습으로 차례상을 빛내주었다. 육촌형님의 푸짐한 인정을 친지들에게 전해주면서 형제간의 우애와 화목함이 알밤처럼 토실토실 여물어가길 바라는 마음 간절하다. 가끔은 풀어진 듯한 내 중년의 삶을 한가위 둥근 보름달의 고운 빛을 담아 가득 채우고 싶다. 겉모습은 화려하지 않고 향기도 묻어나지 않지만 속을 꽉 메우고 있는 밤송이처럼…….

가을소풍

초가을 햇빛에 빨간 고추를 널었다.

유리창을 뚫고 들어온 햇살을 등에 얹고 따뜻한 차를 마시려는데 전화벨이 울린다. 고향 친구였다.

오랫동안 만나지 못했던 친구의 들떠있는 음성은 초등학교 동창모임을 전해주었다. 초등학교 봄가을 소풍 때마다 단골로 찾았던 금강변의 솔밭으로 꼭 나오라며 시간과 날짜를 말해 주었다.

전화 수화기를 내려놓고 달력에 동그라미를 크게 그려 넣어 표시해 놓았다. 모두들 어떤 모습일까? 마음이 설레였다. 며칠 후 한 시간 넘게 운전을 하며 찾아갔다. 너무 많이 변해버린 모습에 강가에 차를 멈추고 기억을 더듬어 봐야했다. 나룻배로 왕래했던 큰 폭의 강 위엔 긴 세월을 말해주듯 시멘트 다리가 근사한 모습으로 버티고 있었다.

어떻게 찾아가야 하는지 친구에게 전화를 했더니 자꾸 웃기만 한다. 몇몇 친구들도 너처럼 헤매었다며 자세히 알려주었다.

다리를 건너 강둑의 좁은 아스팔트길로 한참을 올라가니 친구가 나와 있었다. 차에서 내리는 순간 반가움에 손을 맞잡고 서로 이름을 밝히기에 급급했다. 어릴 적 모습은 세월에 묻혀 찾아볼 수 없고 특히 남자동창들은 얼굴, 이름도 기억에서 가물가물거렸다.

초등학교 졸업 후 처음 보는 친구들은 쉽게 알아보지 못해 잠시 서먹하고 어색해 하면서 식사를 하며 서로의 안부를 물으며 서서히 분위기가 풀려갔다. 그만큼 우리가 만나지 못한 날들이 길었던 것이다.

잠시 친구들 틈에서 빠져나와 모처럼 강을 따라 걸어보고 싶었다.

내가 첫 대면 했던 강은 일곱 살로 기억하고 있다.

강 건너 마을에 살고 있는 고모 댁을 오빠 따라 가던 날 강둑에 앉아 노래를 부르며 건너편에 묶여 있는 나룻배가 오기만을 기다렸던 그때가 아련히 떠오른다.

강바람과 모래밭은 나를 기다리고 있는 듯 변함없이 제자리를 지키고 있었다. 키 큰 미루나무들이 줄지어 있고 강 언덕 위에 몇 채 안 되는 허름한 집들이 정다워 보였다.

강둑 높은 곳에 뱃사공 아저씨가 살던 초가집은 언제쯤 허물어 졌는지 흔적만 남아있어 궁금하기도 했다.

이른 새벽이든 늦은 밤이든 "아저씨! 배 건너 주세요." 하고 소리치면 대답대신 큰기침을 하며 알았다는 듯 싫은 내색 않고 묵묵히 노를 젓던 아저씨의 모습이 강물 위에 둥둥 떠 있는 듯하다. 그런데 큰 섬처럼 원을 이루며 빼곡했던 소나무 숲이 휑한 모습을 하고 앙상한 나뭇가지만 남아있었다.

어느 해부터인가 심한 병을 앓고 소생하지 못했다고 한다. 유년시절 소풍 나올 때마다 친구들과 귀찮게 해서 몸살을 앓았는지 위풍당당했던 소나무는 품위를 잃고 겨우 지탱하고 있었다.

그래도 오늘 동창회 모임은 어린 시절 추억을 다시 한 번 재연하고 싶어 이곳으로 정했다고 하는데 이 시간만은 우리는 초등학생이 되어 가을 소풍을 나온 것이다.

소나무 가지를 스쳐가는 강바람을 맞으며 빙 둘러 앉아 동요를 불러 보았다. 가사를 잃어버려 서로 얼굴을 맞대고 웃음으로 마무리 짓고 말았다. 보물찾기는 신나고 스릴이 따랐다. 연필과 공책대신 생필품으로 선물이 바뀐 것은 세월의 흐름을 증명하듯 했다.

젊음을 서서히 떠나보내야 하는 중년의 모습을 사진에 담고 뿔

뿔이 헤어지는 뒷모습은 삶의 무게를 볼 수 있었다.

꼬불꼬불하고 흙먼지 일으키던 길은 반듯하게 정리된 모습으로 변해있었지만 초록물감을 풀어놓은 듯 강물 위엔 이름 모를 철새들이 발 담그고 먹이를 찾고 있는 풍경은 옛 모습 그대로였다.

자연그대로 남아 숨 쉬고 있는 금강이 때 묻지 않은 듯해서 위안이 되고 안심이 되었다. 몇 해가 지난 지금 금강과의 재회는 오래 사귄 친구처럼 편안하고 반가웠다.

강물에서 금방 씻어낸 듯 맑은 가을 햇살이 저쪽 큰 산 너머에 노을을 만들 즈음 발길을 옮겼지만 쉬지 않고 흐르는 강물은 그 자리를 지키고 있는데 변한 것은 내 모습뿐이라는 것을 알았다.

강 언덕에서 하얗게 흔들어주는 억새풀의 배웅을 받으며 고향 친구들과 재회의 기쁨을 동심으로 똘똘 묶어 간직하고 돌아오면서 느리게 꼬물거리는 다슬기의 근황이 궁금했다.

얕은 물가에 들어가 살며시 돌을 들추어 보았지만 그날의 만남은 이루어지지 않았다.

그래도 고향은 푸근함과 넉넉함을 안겨준다.

옛 시인을 찾아서

늦가을 차가운 공기에 몸이 움츠러드는 싸늘한 아침이다. 몇 일 전부터 계획했던 문학기행을 가기 위해 어린시절 소풍날을 기다리듯 새벽부터 준비하고 약속장소에 나가보니 아무도 오지 않고 인원수에 몇 배나 큰 빨간색 버스가 깨끗이 정리된 모습으로 손님 맞을 준비를 하고 기다리고 있었다. 몇 가지 간식을 싣고 온 남편은 서서히 모이기 시작한 우리 일행들과 인사를 나누고 잘 다녀오라며 배웅을 해주니 고맙고 편안했다. 낯선 곳을 찾아가는 마음은 늘 새롭고 설렘과 기대감이 앞선다.

서두르지 않고 차분하게 운전해주시는 아저씨께 믿음이 갔고 가끔씩 차창 밖으로 보이는 관광명소를 지날 때는 자세한 소개와 설명을 해주기도 해서 도움이 많이 되었다. 각자 준비해온 과일, 떡, 군밤 등을 나눠먹으며 서로 좋아하는 시를 낭송하게 되니 차안엔 금세 어느 조용한 찻집에 앉아 있는 듯 포근함이 찾아들었다. 달리는 차창밖엔 첫서리가 내렸는지 풀잎도 말라있고 먼 산에도 잎이 다 떨어진 나무들이 우뚝 서있는 모습엔 쓸쓸함을 보여주었다.

거의 두 시간을 달려서 평소에 와보고 싶었던 "서정주시인"의 문학관에 도착했다. 넓은 앞마당엔 노랗게 활짝 핀 국화꽃의 벌떼들이 잔잔한 꽃송이를 에워싸고 있었고 "가을의 상징"이라 불릴 만큼 화려한 자태를 갖추고 향기를 뿜어내며 우리를 반겨주었다.

담당자의 안내를 받으며 안으로 들어가 조심조심 그분의 지난날의 살아온 모습과 소지품을 살펴보기 시작했다. 오래된 달력엔 조부님과 부친의 제삿날을 꼼꼼히 적어놓은 것을 보니 조상님들을 꽤나 섬기셨던 것으로 보여졌다. 저축통장, 누런 원고지, 낡은 타자기, 몇 번이고 뒤적였을 법한 책들이 잘 정돈되어 있는 것을 보고 검소한 생활을 엿볼 수 있었다. 시인이 앉아서 노곤함을 풀었을 것 같은 오래된 소파에서 나는 그분의 모습을 흉내내며 사진 촬영도 해보며 동요를 연주했을 것 같은 오래된 피아노도 두들겨보면서 현대적 감각을 일찍이 체험하셨다는 것을 알 것 같았다. 우리의 옷 흰 바지저고리 차림에 웃음 띤 얼굴엔 욕심 없는 왕할아버지 같은 소박함을 간직하고 따뜻함이 배어있는 듯했다. 국화향기를 양껏 들이마시며 추억을 몇 개 담느라 사진 촬영을 하면서 '어떻게 하면 저렇게 순수하고 고운시를 지을 수 있을까?' 하는 의문을 끌어안고 앞뜰과 뒤뜰을 잠시 걸어보면서 슬슬 맛난 점심이 기다려졌다.

책을 몇 만권 꽂아 놓은 듯 하다는 변산의 채석강 옆을 돌아 인심 좋은 식당을 찾아 자리에 앉으니 곧 어촌냄새가 배어있는 싱싱한 생선들이 상 위에 올라와 입맛을 돋우었다. 맛나게 흡족한 식사를 하고 파도가 가는 모래알까지 씻어주느라 철썩철썩 소리를 내는 검푸른 바다를 묵묵히 바라보니 둥둥 떠다니는 배는 한가로워 보였다. 수협 어시장을 한 바퀴 둘러보다 김장에 필요한 새우젓 한 통을 사들고 주부의 마음은 어딜 가나 감출 수 없다는 것을 보여주는 것 같아 가방에 빨리 챙겨 넣고, 금구원 조각공원을 찾아가는 차창 밖을 내다보니 막바지 가을걷이를 서두르는 농부들이 바쁘게 움직이면서 수확의 기쁨을 가득 안고 있는 듯 했다. 아버지가 황무지를 개간해서 일궈놓은 농장이름이 "금구원"이었다는 그곳은 훗날 아들이 물려받아 우리나라에서는 처음으로 조각공원 이름을 붙여 널리 알리게 되었단다. 들어가는 입구에서부터 아주 작은 여인상과 오미터까지 되는 높은 조각품들이 자리 잡고 있었다.

특히 여인들의 요염한 포즈와 표정은 관람객들을 황홀감에 빠져들게 할 만큼 멋져보였다. 주인의 섬세한 솜씨와 안목은 탄성이 절로 나오게 했다. 훌륭한 작품을 손으로 어루만져보기도 하고 서로 농담을 주고받으며 웃기도 했다. 새만금 간척지를 보기 위해 급하게 나와야만 했다. 바다를 막아 칠십 퍼센트는 농지로 삼십 퍼센트는 관광레저타운을 조성하고 복합단지를 개발한다고 한다. 그러나 환경파괴라는 주민들과 여러 환경보호단체에서 항의가 빗발쳐 어려움을 겪는다고 했다. 세찬 바닷바람을 맞으며 앞으로 주인 잃은 저 많은 배들이 어디로 찾아 헤맬 것인가 생각하니 씁쓸한 마음을 안고 빠져나왔다.

저녁 해가 잿빛구름에 가려서 흐려지면서 어두워가는 시간에 "신석정시인"의 생가를 찾아갔다. 대문 앞에 전북기념물 팔십사호라고 적혀있었다. 청구원으로 불리는 정원은 측백나무로 울타리를 했고 그 안엔 은행나무가 여러 그루 있었다고 한다. 좁은 마당엔 분홍과 자줏빛으로 활짝 핀 코스모스가 가녀린 허리를 굽실거리며 인사를 한다. 방문을 열어보니 창호지를 바른 하얀 벽에 시인의 사진이 넣어있는 액자가 덩그러니 걸려있었다. 날리는 듯한 머리카락에 세련된 옷차림과 외모는 긴 겨울밤 차를 마시며 늦도록 이야기를 나누고 싶은 충동이 스며들게 했다. 곡식을 털어낸 들판이 썰렁하기만 하고 새들은 지푸라기 사이를 헤집고 먹이를 찾느라 푸드득거리며 이쪽저쪽 날고 있는 저녁시간에 귀가길을 서두르며 차에 올랐다.

옛 시인을 만나본 것처럼 감정을 정리하기가 힘들다. 흥분된 마음을 가라앉히고 가을이 떠나기 전에 용기와 의욕을 내세워 빛깔 고운 시 한편 지어보고 싶은 작은 소망을 담아 돌아왔다.

고구마 캐던 날

"바스락 바스락" 창밖에서 들려오는 소리에 아침잠을 설치고 일어나 보니 그동안 모아놓았던 빈 박스와 포대자루를 폈다 접었다 하며 챙기고 있는 남편의 모습이 보인다. 난 약간 짜증 섞인 목소리로 "왜 이렇게 부산스러워요?" 했더니 오늘은 텃밭에 거둬들일 것이 많아 서둘러 시골 갈 준비를 해야 한다고 했다. 덩달아 마음만 급해지고 허둥대며 물도 몇 병 넣고 아직도 솔잎향이 배어있는 추석에 남겨 두었던 송편도 다시 따끈따끈 쪄내 담고 부지런을 떨며 짐을 챙겨 출발했다.

차창 밖으로 보이는 은행잎이 수명을 다한 듯 힘없이 떨어져 바람따라 어데론가 끌려가듯 나뒹굴고 있다. 어린 시절 학교운동장에 우뚝 서있던 은행나무 생각이 난다. 가을만 되면 노오란 잎이 떨어지는 것을 친구들과 서로 먼저 줍겠다고 폴짝폴짝 뛰어다니면서 흠집 없는 곱고 예쁜 것으로만 골라 책갈피에 끼워넣던 그 시절이 그리워진다.

금빛으로 눈부시게 했던 들녘에도 가을걷이가 끝난 듯 메마른 갯벌처럼 휑한 모습은 썰렁한 느낌마저 들게 했다. 가까운 거리를 달려오는 동안 지나간 세월 속에 푹 빠져들 즈음 시골 큰 대문 앞에 도착해보니 자줏빛과 분홍빛이 섞인 국화꽃에 벌 떼들이 에워싸고 있었다. 활짝 핀 국화의 잔잔한 꽃송이에서 뿜어내는 향기는 "가을의 귀족"이라고 불리어지기에 충분하다.

텃밭에 올라가보니 지난주에 베어놓고 간 들깨는 바싹 마른 채 알맹이를 흘려놓고 고소한 향기로 우리를 반겨주었고 콩은 따가운 햇볕을 받아 성질 급하게 툭툭 벌어져 튀어나와 있었다. 호박넝쿨은 물기 없이 말라버려 잎사귀가 오그라든 것을 보니 밭둑 옆 풀 속에 숨어있는 늙은 호박도 더 이상 모르는 척 할 수가 없어 따버렸다. 지붕위에 올라앉은 애호박도 몇 개 찾아내고 텃밭에 채소들을 둘러보고 내려오는데 친구분 어머님이 잔일들은 오후에 하기로 하고 "오늘은 고구마를 먼저 캐야한다고 했다." 찬 서리가 내리기 전에 빨리 캐서 저장을 해놓아야 상하지 않는다는 상식도 알려 주었다.

늦봄에 모종을 사다 심어놓고 비가 오지 않아 집안에서 어렵게 물을 길어다 흠뻑 뿌려주기도 했던 일들이 떠오르며 얼마나 통통하게 자랐는지 궁금하기도 하고 기대와 설렘이 앞섰다. 먼저 고구마의 무성한 줄기를 걷어내고 호미로 땅을 파던 남편이 도저히 캘 수가 없다는 것이다. 금년 가을 가뭄이 심해서 조금이라도 물기 있는 곳을 찾아 들어가 땅속 깊이 묻혀 있는 것이라고 설명해주었다. 자연은 신기하고 또 신비스럽다는 생각을 해본다. 힘겹게 땅을 파헤쳐 들어가니 드디어 둥근 호박을 닮은 큰 고구마가 모습을 보이며 뽑혀 나오기 시작했다. 친구분 가족과 우리는 눈을 동그랗게 뜨고 서로 쳐다보며 "농사 잘했네. 자축연이라도 벌여야겠는걸?" 하며 흐뭇함에 손길이 바빠지기 시작했다. 사람들의 엉덩이를 닮은 모양의 고구마를 발견하면 높이 쳐들어 이것보라고 소리 지르며 깔깔 웃으며 여러 가지 이상한 모양이 나올 때마다 이름을 붙여주며 다 캘 때까지 웃음소리가 끊이질 않고 이어져 갔다.

밭둑에 앉아 땀을 닦고 쉬는 동안 우리 어릴 적엔 최고의 간식이었던 고구마를 한 솥 삶아서 온 가족이 빙 둘러앉아 동치미국물을 떠먹으며 뜨거워 호호 불어가며 먹던 그 시절이 떠오르면서 입가에 웃음이 번진다. 그때 우리 마을에서는 점심 한 끼는 고구마로 먹는 가정이 많았던 것으로 기억된다. 그런데 요즘애들은 먹을 것이 풍족한 탓인지 인스턴트식품에만 관심 있고 길들여진 것 같아 안타깝기만 하다. 젊은 엄마들이 톡톡 튀는 지혜로움을 발휘해서 영양 많은 고구마를 이용해 간식을 만들어 주었으면 하는 바람을 가져본다.

밭고랑 흙더미 위에 캐놓은 고구마는 진한 보랏빛을 띤 채 서로 다른 모습으로 나란히 누워서 탄생의 고달픔을 풀고 있는 듯 했다. 들깨와 콩을 털어 정리해놓고 해가 지기 전에 수분이 말라버린 듯 보송보송해진 고구마를 준비해간 포대자루에 가득 담아 놓으니 수확의 기쁨을 풍요롭게 끌어안을 수 있게 했다. 한 포대, 두 포대, 세 포대……. 세어보며 가을의 풍성함을 안고 집에 돌아온 남편은 피곤도 잊은 채 둥둥 떠 있는 기분을 가라앉히기가 힘든가보다. 동생네로 급하게 전화해서 고구마 자랑과 함께 많이 가져가라고 했다. 이웃 분들 몫으로 담아 놓고 친구, 회사동료들 몫을 챙기느라 바쁘게 움직인다. 올해 가뭄이 심해서 이렇게 많은 수확을 기대하지 않았는데 갑자기 부자가 된 것 같다고 했다.

올 겨울 긴긴밤엔 고구마를 구워먹으며 시도 읊어보고 못다 읽은 책도 뒤져보며 여유를 부려보고 싶은 생각을 하니 벌써부터 행복한 웃음이 절로 묻어난다.

새해맞이 풍경

묵은해를 보내고 새로운 해를 맞이하는 것은 어느 나라 사람이건 특별하다. 한 해 동안 이루어지지 않았던 것을 걷어내고 새로운 희망을 품게 되니 설레고 신선함으로 출발하게 된다.

주위에 많은 사람들은 풍광이 수려한 곳을 찾아 일출을 보려고 계획을 세운다. 즉 '해돋이' 라고 흔히들 말하면서 같이 갈 것을 권유하기도 하는데 번잡한 것이 싫어서인지 게을러서인지 선뜻 내키지 않는다.

집에서 TV를 보면 높은 산위에 올라가 일출을 보는 사람, 바닷가에서 쌩쌩 불어오는 찬 바닷바람 맞으며 일출을 보고 환호하는

게 무슨 큰 의미가 있는지 알 수 없지만 많은 사람들은 경건한 태도로 새해 첫날 조금이나마 마음의 위안을 받는 것 같다. 나도 일출을 본 적이 있었지만 신비스러움을 감상하기보다는 가족들의 건강과 행복을 염원하는 마음가짐으로 똘똘 뭉쳐있었다.

올해 12월 31일 밤 오랜만에 가족이 함께 가는 해를 아쉬워하며 타종소리를 듣고 새해를 맞이했다. 많지 않은 가족이 모두 모이는 게 쉽지가 않아 함께 할 수 있음에 큰 의미가 부여된 것 같다.

우리나라 새해맞이는 다른 나라와는 확연히 다른 모습이다.

1월 1일은 신정(양력설)이라고 하는데 이날은 대부분의 사람들은 그냥 새해가 시작되었다는 것으로만 받아들이게 된다. 그리고 거의 한달 후에 다가오는 음력설(구정)을 큰 명절로 여기며 설날이라고 부른다.

설날이 다가오면 평소 때보다 몇 시간씩 걸리는 운전을 하고 고향을 찾아가는 풍경을 볼 수 있다. 모든 가족이 모이면 밤새는 줄 모르고 고향에서만 맛 볼 수 있는 향토 음식을 준비하느라 분주하다.

설날아침 일찍 한복을 차려입고 조상께 차례를 지내고 떡국을 먹어야 나이 한 살이 보태진다는 속설을 들먹이며 흰 떡과 만두를 넣은 음식을 나누어 먹고 부모님과 이웃 어르신들께 세배를 드린다. 이때 어르신들은 건강해라, 공부 잘해라, 하는 덕담을 들려주시며 세배 돈을 건네주신다. 이날만큼은 모든 시름 잊고 아이들 어른들 함께 신이 나서 훙겨움이 어우러져 아름다운 풍경이 이어져 간다.

외국인들이 우리나라를 부러워하는 것 중에 어른을 공경하는 것이라고 들은 적 있는데 버스나 지하철에서 주저하지 않고 선뜻 자리를 양보하는 학생들이나 젊은이를 보면 나는 언제나 잔잔한 감동이 확 밀려온다.

어르신들에 대한 공경은 길러주신 부모에 대한 감사와 옛 어르신들에 대한 예의를 갖출 수 있는 것을 배워오면서 설날아침 풍경에서 배어나온 것 같다.

가끔 외국에서 일어나는 사건소식을 접하면서 가족과 어르신들을 공경하며 배려와 감사로 살아가는 우리의 동방예의를 새해 풍습으로 전파해 주고 싶다는 생각을 해본다.

요즘 우리의 풍습도 예전에 비하면 조금씩 퇴색하며 바뀌어 가고 있는 모습을 볼 수 있다. 긴 명절 연휴를 이용해 해외 관광을 가기 위해 공항으로 사람들이 몰려 북새통을 이룬다고 뉴스에서 전달한다.

얼마전의 일이다. 친목모임에서 명절 연휴에 여행을 떠나자는 제의가 들어왔는데 나는 구세대의 틀에 막혀버린 탓인지 동참하기 싫었다.

옛 어르신들에게 보고 배운 대로 설날아침 풍경이 잊혀지지 않도록 오래오래 보듬어 주며 가족들과 새해를 집에서 맞고 싶다.

다문화가정이 늘면서 문화도 다양하게 뒤섞이는 요즘 세상이지만 소중한 미풍양속을 지키지 않으면 예의도 무너지고 공경도 서서히 사라지며 머지않아 그 가치가 빛을 잃게 될지 모른다는 생각을 하니 씁쓰름하다.

만나는 사람마다 새해 인사를 물어보면 해돋이 여행을 다녀왔다는 사람이 많았다. 가장 먼저 떠오르는 붉은 태양 앞에서 엄숙하고 경건한 마음으로 소원을 간절히 빌었다고 한다. 물론 나도 해돋이는 못 갔지만 새해아침 두 손 모아 욕심껏 빌었다.

첫 번째는 누구나 바라는 가족건강을, 두 번째는 아들딸이 혼기 놓치지 말고 평생 인연을 만나게 해달라고 그 어떤 종교적인 거룩함보다 더 장엄한 태도로 빌면서 한해를 시작하니 결코 잘못 되거나 어긋나지 않을 것이라는 믿음이 와 닿았다.

새해가 시작되면서 친구들이 휴대폰 문자메시지로 '대박 나고 부자 되세요.' 라는 문구를 보내왔는데 순간 기분은 좋았지만 부자 될 허황된 기대는 아예 접어두었다.

그래도 찬바람 맞으며 바닷가에서 새해를 맞이하는 모습과 고향을 가기 위해 몇 배 걸리며 운전해 온 가족이 모여 덕담을 건네고 행복을 나누는 설날풍경을 오래도록 지켜나가는 것이 우리의 아름다운 자산이라고 생각한다.

깊숙이 넣어둔 우리의 한복을 꺼내본다.

이번 설엔 어떤 풍경으로 새해를 맞이하게 될지 아이처럼 설레인다.

고향 방문

옹기종기 서로 몸을 기대고 있는 오월의 푸른 나뭇잎을 보면 고향집을 더욱 그립게 한다.

지금은 빈집으로 남아있지만 어릴 적 추억을 못 잊어 가끔 찾아가 뒤뜰과 앞마당을 둘러보고 온다.

아버지가 몇 년 전 세상을 뜨시고 엄마 혼자 생활하시다 이젠 연세도 많고 연로하셔서 어지러움증이 심해 오빠네 아파트로 모셔왔다.

특히 오빠네 부부가 여러가지 볼일로 집을 자주 비우게 될 때는 외로움에 시골집에 가고 싶다며 어린 아이처럼 보채신다.

시골에서는 매일 노인정에서 이웃들과 모여서 식사도 함께하며 즐거운 시간을 보내셨는데 아파트 노인정에 나가시길 권유해 보았지만 낯설다며 원하지 않는다.

이런 엄마를 조금이라도 위로해드린다는 마음으로 시간 편할 때마다 찾아뵙곤 할 뿐 외로운 엄마를 달랠 방법이 없었는데 어느 날 후배에게 연락이 왔다.

"언니, 저 요양학원을 개원했는데 시간 나실 때 놀러오세요." 하며 전화를 끊었다.

며칠 후 축하도 해줄 겸 꽃바구니를 들고 찾아 갔는데 요양보호사 자격증에 대한 설명을 자세하게 해주더니 요즘 수강생모집기간이라며 접수를 하라고 권유했을 때 자신이 없어 선뜻 대답을 못하고 망설이는데 후배는 접수를 해놓았다.

이론 교육을 받고 요양원으로 실습을 나갔는데 모든 것이 어설프고 어르신들의 건강상태를 직접 가까이에서 접해보니 먼 훗날의 나의 모습이 떠올라 서글픔이 엉겨 붙었다.

그리고 올해 94세 되신 엄마 모습과 함께 모든 어르신들이 내 부모님으로 여겨지면서 갑자기 효심이 발동했다.

특히 요양원에서 근무하는 직원 분들은 식사시중과 목욕, 말벗 어느 것 하나라도 소홀히 하지 않는 천사로 보였다. 요양보호사 자격증을 받았을 때 저분들처럼 해낼 수 있을지 자신에게 묻고 싶었다.

현장실습이 끝나는 날 치매로 고생하시는 어르신이 한이 맺힌 듯 구슬프게 불러주신 "어머니" 라는 트롯 노래를 듣고 돌아오는데 마음 한 귀퉁이가 먹먹하다.

요양보호사 자격증을 받고 실습해본 것처럼 어머니를 목욕도 해드렸더니 몰랐을 때보다 쉽고 편리하게 할 수 있어서 도움이 많이 되었다.

후배가 권유해서 자의반 타의반으로 자격증을 취득했는데 모든 게 새롭기만 하다.

휠체어, 목욕의자 등 어르신들 필요한 용품을 시중가보다 저렴하게 구입할 수 있다는 것도 알게 되어 잘 걸을 수 없어 외출할 때 불편한 엄마를 위해 곧바로 달려가 휠체어와 목욕의자, 미끄럼방지 양말을 구입했고 공해없는 엄마의 자가용이 등록된 것이다.

이번 어버이날엔 휠체어를 차에 싣고 야외로 나가 산책도 시켜드렸더니 엄마가 좋아하시는 영산홍 꽃 앞에서 한참을 머물고 싶어하시며 계절이 오는지 가는지도 모르고 사는 자신이 산목숨이 아니라고 한탄을 하신다.

시골에서 이맘때면 논에 나가 못자리하고 새참 먹으며 농사준비로 바빴는데 지금도 다리만 성하다면 당장에 고향에 가서 살고 싶다는 이루어질 수 없는 소망을 94세 우리 엄마는 겁 없이 말씀하시며 한숨만 내쉰다.

일어설 때나 앉을 때마다 "혼자서도 잘해요." 흉내 내려다 어지러움증으로 이리 부딪치고 저리 쏠리고 얼굴에 상처훈장을 달고도 마음만은 무엇이고 할 것만 같은 의욕으로 넘쳐나신다.

아직도 휠체어 타고 밖에 나가는 것을 부끄러워하고 옷매무새를 단정히 매만지며 백발의 몇 올 남지 않은 머리카락에 동백기름을 손바닥에 묻혀 쓱쓱 빗어 넘기시는 모습은 귀여운 여인으로 인정해드리고 싶다.

엄마는 소싯적엔 하나를 가르치면 열을 안다고 칭송이 자자했다는데 그 총명함은 세월속에 흘려보내고 지금은 귀가 잘 안 들려 귀엣말로 대화를 이어가야 한다.

딸인 내가 봐도 아들사랑엔 유별나셨다. 사춘기 시절 한때는 딸아들 차별이 심했던 엄마를 미워해 본 적도 있었는데 무학인 엄마한테 여고 나온 내가 오묘한 지혜를 배우는 것이 많다.

시절을 잘못 만나 두 손이 거북이 등처럼 되도록 일만 하고 살아온 엄마를 이제라도 좀 더 가까이에서 돌봐드리게 된 것을 다행으로 여긴다.

약간은 괴팍하고 깔끔한 엄마는 딸이 목욕을 해드리는데도 부끄러워 아직도 수줍은 처녀가슴처럼 콩닥거리는 걸로 착각하며 노년을 보내고 있는 모습에서 여자라는 존재감을 다시 한 번 와닿게 한다.

비록 몇 개월 요양보호사라는 임무를 배운대로 성실하게 해보았는데 어르신들에게 "관심"을 보여주는 것이 가장 중요하다는 것을 알게 되었다. 엄마와 몇 시간을 말벗 해드리고 집에 돌아오면 내 자식들에게 일부러 "효" 를 강조하지 않아도 본보기가 될 듯해 괜스레 마음이 넉넉해진다.

얼마 전에 고향을 그리워 몸부림치듯 애타시는 모습을 그냥 지나칠 수가 없어서 남편의 도움으로 휠체어를 차에 싣고 고향집에 모시고 갔다.

빈집에 철대문은 요란한 굉음을 내며 주인을 맞이해주었고 노란 민들레꽃은 주인 잃은 슬픔으로 홀로 앉아 기다리고 있었다.

뒤뜰에 장독대, 부엌의 무쇠솥들은 저마다 그 자리를 꿋꿋이 지켜내며 주인을 기다리고 있었다.

엄마는 한 발짝을 힘들게 옮기시더니 내 생전에 다시는 못 올 것이라며 손때 묻은 물건들을 매만지고 계셨다.

그러나 아버지가 생전에 만들어주신 장독대 올라가는 돌계단을 밟지 못하고 밑에서 넋잃고 바라만 보셨다.

평생을 가장 소중하게 여겼던 간장 고추장 된장을 이젠 담글 수 없게 된 것을 아쉬워하는 엄마의 서글픈 표정은 빈항아리들만이 알 것 같았다.

이젠 딸이 보챘다. "엄마 빨리 가요." 했더니 선뜻 대문 밖으로 나서지 못하신다. 또다시 굉음을 내며 철대문은 주인을 배웅하고 닫혀 버렸다.

골목마다 엄마의 발자국만 남기고 고향 방문을 휠체어의 도움으로 샅샅이 둘러보게 된 것이다. 돌아오는 차안에서 고향에 다시는 못 가볼 줄 알았는데 고맙다며 내 손을 꼬옥 잡아주셨다.

매일 반복되는 엄마와의 만남이지만 헤어지는 시간엔 늘 아쉬워하신다.

해가 뉘엿뉘엿 저물어 갈 즈음 가녀린 엄마를 포옹하면서 승강기를 기다리는데 지팡이에 몸을 지탱하면서도 딸을 배웅한다.

떠나는 차가 보이지 않을 때까지 주름으로 얽혀 있는 앙상한 손을 흔들고 서성이는 엄마의 모습이 눈앞에 자꾸만 아른거린다.

공해없는 자가용 휠체어를 타고 사계절을 마음껏 눈에 담아드리고 싶은 욕심을 내어본다.

엄마의 자가용이 오래도록 씽씽! 달릴 수 있기를…

인생은 하프타임

활활 타오르는 불꽃을 보는 듯한 여름 햇살은 조금도 물러설 줄을 모른다.

그래도 학기말도 끝났고 조금은 여유를 부리고 싶은 방학이지만 기억에 오래 남을 수 있는 책을 선택해 읽고 싶었다. 마침 학보가 도착해 읽어보니 많은 책을 소개했다. 그중에 가장 먼저 "성공을 바인딩 하라."는 글이 발견되어 즉흥적으로 구입을 했다.

내가 먼저 읽으면서 빨리 아들에게 권해주고 싶다는 충동뿐이었다.

내년이면 공부를 마치고 사회에 적응해야하는데 준비가 안된 것 같아 엄마는 늘 불안했기 때문이다.

특히 요즘 젊은이들은 기록하고 메모하는 습관이 부족하다는 생각에서 아들이 빨리 읽고 실천하기 바라는 성급한 마음이 앞섰다.

너무 더운 날 땀 흘리며 이 책을 꼼꼼하게 읽으면서 그동안 거의 20년을 일기 쓰고 가계부 써온 내 자신을 비교해 보게 되었다.

나는 단순히 그날그날을 메모하며 기록했던 것에 불과했던 것이라는 것을 알게 되었다. 처음 이 책을 접했을 땐 일반 흔한 노트로 착각할 만큼 선뜻 읽고 싶지 않아 며칠은 관심을 갖지 않다가 아들에게 도움이 될 것 같아 읽게 되었다.

앞장에서 목표 관리자의 저자 "아사에스에미츠" 말이 와 닿았다.

"관리는 보통사람이 보통의 의욕으로 보통으로 노력해서 보통 이상의 성과를 올리는 수단을 만드는 것이다." 이 세상엔 보통사람이 숫자로 볼 때 더 많은 것 같아 마음에 쉽게 다가왔다. 이렇게 해나가려면 이 책에서 저자가 주장하는 바인더의 중요성과 바인더의 문화 바인더를 통한 꿈과 비전이 얼마나 큰 영향을 우리에게 안겨주는지 점점 알 것 같았다.

성공을 이루어내려면 남보다 달라야한다고 강조한다. 훈련의 중요성에서 지식이 없는 훈련은 맹목적이 되고 훈련이 없는 지식은 쓸모가 없다고 한다.

즉, 기록이나 메모를 어떻게 관리하느냐에 차이가 매우 크다고 여겨진다.

이것을 밑바탕으로 시간관리와 정직함을 배울 것 같다고 믿고 싶다.

미국의 백만장자들을 평범한 우리들은 부동산투자나 부모에게 상속받은 것으로 알고 있지만 그들은 밑바닥부터 성실하고 가정을 소중히 여기며 여러사람들과 잘 어울리고 "정직" 했다고 한다.

나는 아이들 교육에서 항상 이 정직을 강조하며 키워왔는데 때로는 잘 지키지 않아 실망할 때도 있다. 이젠 아들을 사회에 내보내려니 더욱 강조할 수밖에 없다.

어릴 적 꿈을 이루지 못한 아쉬움에 늘 짓눌려 50넘은 나이에 대학에 들어가 국문과 공부를 하면서 또 다른 재미에 푹 젖어있는데 이 책을 읽어보니 종이 위에 꿈 리스트를 써 두면 언젠가는 기적같이 이루어진다고 했다. 조금은 내 생각과 맞는 부분을 발견한 것 같아 기뻤다.

나는 건강이 나빠져 큰 병원에서 수술을 세 번이나 하면서도 책을 가까이 했고 언제나 무언가를 쓰면서 내 꿈을 향해 인생 목표를 게을리 하지 않은 덕에 만학의 꿈을 찾을 수 있었다고 말하고 싶다. 인생목표를 정해놓고 몇 가지만이라도 서서히 이루어나간다면 성공한 삶이라고 말할 수 있다고 생각한다.

짐캐리 배우는 천만 달러라고 손수 쓴 수표를 만들어 지갑에 5년 동안 넣고 다녔는데 정말 5년 후에 소원이 이루어졌다고 한다. 그리고 로스엔젤레스에 사는 존 고다드라는 사람은 인생목표를 127가지를 종이에 써놓고 평생을 하나하나 이루며 산다고 하는데 지금 108가지는 이루었다고 한다. 이글을 읽으면서 나는 건강을 지키며 희망을 쫓아가려고 한다.

일반적으로 한국인은 서구인에 비해 목표관리 능력이 현저히 부족하다고 하는데 국민성 영향도 있겠지만 더 중요한 것은 목표관리에 대한 지식과 훈련을 받을 기회가 적었기 때문이라는 말에 공감이 갔다.

사회 나가려는 우리 아들도 열정만 갖고 있을 뿐 전략이 부족해서 걱정된다. 부지런함과 정직을 꼭 강조하며 성공할 수 있는 길을 열어주고 싶은 욕심이 앞섰다. 그리고 덧붙여 말해주고 싶은 것은 머리로만 계획을 세우지 말고 반드시 핵심되는 것들을 종이에 적어두고 매일 읽어보고 확인하는 것이 목표를 이루는데 도움이 된다고 권하고 싶다.

필자가 150권의 바인더를 가지고 있다고 하는데 거기서 멈추지 않고 끝없이 도전하는 모습은 보통 사람들을 조금은 주눅들게 하면서 희망의 메시를 전달해주었다고 생각하며 말로 형용할 수 없을 만큼 존경스럽다.

누구에게나 평생 몇 번의 기회가 찾아온다고 한다. 그러나 준비되어 있지 않으면 그 기회를 잡을 수 없고 기회가 나에게 왔는지조차도 모른다고 한다. 이 글귀가 살아가면서 얼마나 중요한지 조금은 알 것 같다.

이 책을 읽어보면 작은 친절이 먼 훗날 성공의 지름길로 이끌어준다는 것을 일깨워준다. 그냥 지나칠 것도 한번 더 생각하며 작은 친절을 베풀 수 있는 사람은 평생목표를 향해 웃으며 도달할 것 같다.

필자는 독자들에게 이렇게 말해주었다. "인생의 사다리를 빨리 올라가는 것보다 더 중요한 것은 올바른 사다리를 선택하는 안목이다." 방향을 정하고 난 후에야 비로소 빠르기가 의미있는 것이라고 한다.

대학 간판이 중요하지 않다고 여겨지며 더 근본적인 것들을 생각해보아야 한다. 바로 삶 전체에 관심을 가져야 한다는 것이다.

나도 과거나 미래에 집착해 원하는 삶이 손가락 사이로 빠져나가지 않도록 필자의 바인더기록습관과 관리를 활용하고 싶다.

지금 만학의 길을 택한 것에 자부심을 갖고 목표를 향해 쉬지 않고 멋진 중년의 여운을 남기려한다.

축구경기 후반전에 하프타임이 있다. 이것은 단지 쉬는 시간이 아니고 후반전을 이기기 위한 작전타임이라고 한다.

전반전을 목표 없이 시간을 낭비했다면 후반전에 도전해보라고 권하고 싶다.

괜찮다!…….

나는 지금 하프타임 인생. 꿈을 향해 마냥 행복하다.

친구

곱게 물들었던 단풍잎이 칙칙하게 빛을 잃은 채 찬바람에 뒹굴고 있는 모양이 내 마음과 닮아 있다.

이럴 땐 친구를 만나고 싶다는 충동이 인다. 이 때 마음이 통했는지 내 이름을 너무나도 애절한 음성으로 여고 친구에게 전화가 왔다. 늦가을부터 들어온 감기로 한 달 동안 앓아눕기까지 했으며 기력이 떨어져 입원까지 했었고 그땐 아무도 만나고 싶지 않았는데 이젠 조금 회복이 되어서 여행이라도 훌쩍 떠나고 싶어 연락을 했다고 했다.

나는 반가움에 망설이지 않고 단번에 그러자고 했고 서로 어디로 갈 것인지 의논을 하던 중 태안에 사는 여고 친구네로 가기로 일치되었다. 그 친구는 서울에서 살다가 남편고향에 내려와 황토집을 짓고 자연이 좋아 흙 밟으며 전원생활을 하고 있다. 그동안 몇 번이나 놀러오라고 연락이 왔었지만 서로 시간이 맞지 않아 미루기만하다 갈 수 없었는데 그 날 곧바로 전화했더니 당장이라도 오라며 흔쾌히 맞아주었다.

우리는 여행 가방을 챙겨 시외버스를 타고 처음 가보는 초행길에 흥미와 약간의 긴장을 하며 소녀 적으로 돌아가 설레임도 함께 했다.

차창밖의 논과 밭은 추수를 끝내 썰렁하기만 했고 겨울 산에는 잎이 없는 나뭇가지들만 바람맞으며 떨고 있다. 옆에 앉아있는 친구는 아직도 감기후유증이 남은 듯 얼굴이 창백하고 멀미까지 겪으면서도 마냥 좋아하기만 한 표정을 보였다.

이젠 오십 중반에 접어들면서 감기 한 번 심하게 앓고 나면 몸과 마음이 폭삭 늙는 것 같다며 친구가 한탄스러워 한다. 나는 준비해온 간식을 꺼내면서 여행은 먹는 재미가 있어야 한층 더 즐겁다며 과일 오징어 과자를 권했더니 친구는 소풍 가던 여고시절이 떠오른다고 했다. 멀미에 조금은 효과가 있다는 인삼을 친구 입에 넣어주었더니 세심함에 고맙다며 빙그레 웃어 보인다. 몇 시간 버스를 타고 가면서 친구 건강이 내심 걱정이 되었는데 잘 이겨내주어서 안심이 되었다.

태안에 도착하니 친구가 터미널로 마중을 나와 있었다. 반가움에 주위도 의식하지 않고 끌어안으며 다시 여고생이 되어 흥분된 목소리로 서로를 맞이했다. 곧바로 친구의 안내를 받으며 시골 재래시장구경에 나섰다. 호호 불며 호떡도 먹으면서 학창시절 먹고 싶어도 실컷 먹을 수 없었던 기억을 늘어놓으며 시간 가는 줄 몰랐다. 자리를 옮겨 어시장구경을 하면서 마냥 아줌마라는 것도 잠시 잊고 즐겁기만 했다.

시골은 해가 일찍 져버리는지 어둑어둑 기울기 시작할 즈음 꼬불꼬불 산길 고개를 서너 개 넘어 친구집에 도착했는데 주위 풍경을 전혀 볼 수가 없었다. 정갈하게 마련된 손님방으로 들어가 짐을 풀고 친구남편이 새벽에 배를 타고 바다에 나가 자연산 홍합을 따다 놓은 것을 발견하고 감탄사가 절로 났다. 저녁식사 준비하는 동안에 우선 홍합을 삶기로 했다. 친구남편이 알려주는 대로 홍합을 손질하는 방법도 알아가며 새로운 것에 신이 났다. 오래 삶으면 질기고 제 맛을 잃는다는 것도 말해주면서 끓어오르면 바로 꺼내 먹을 때 가장 맛나다고 했다.

큰솥에 가득 담아 삶아낸 홍합은 우유처럼 뿌연한 국물부터 맛이 일품이다. 친구 남편은 홍합 먹는 방법을 일러주며 하얀 것은 수컷이고 노란 것은 암컷인데 노란 것이 더 맛나다고 했다. 그리고 홍합 껍데기 중에 인물 미끈한 것으로 골라 국물을 떠먹으면 한층 운치를 느낄 것이라며 우리를 향해 편안하게 웃어보였다. 이런 자연산 홍합은 쉽게 아무데서나 먹을 수 없다는데 아내 친구들이 온다는 소식을 듣고 고향 친구분 배를 타고 새벽에 바다 바람 맞으며 따왔다는 것을 알고 나니 친구 남편의 소박하고 넉넉한 마음이 더욱 돋보였다. 바다의 비릿한 냄새가 우리들의 만남을 반기기라도 하듯이 부엌 가득히 퍼져나갔다.

여행이라는 것은 참 묘한 매력을 지니고 있다. 울적함도 달래주고 새로운 것을 경험하게 하며 새록새록 삶의 길잡이가 되어 주기도 하니 말이다. 특별하지 않고는 여행을 싫어하는 사람은 드물것이다.

농촌에서 자란 나는 여행이라는 것을 모르고 지낸 듯 싶다. 가끔 아버지가 이웃마을에 계시는 고모 댁에 가셔서 하룻밤 머물다 오시면 표정이 밝으셨던 기억이 난다. 그리고 어머니는 이모님 댁에 다녀오시면 며칠은 웃는 빛이었다. 지금 뒤돌아보면 아버지 어머니는 하루 외출이 여행이었던 것이다. 아버지는 농한기엔 털털대는 시골버스를 타고 친척집에 방문하는 것을 즐겨하셔서 어머니는 만류하기까지 했던 것이 생생하게 떠오른다. 다녀오신 날 저녁엔 여행기를 쓰듯이 그 고장의 음식 맛은 어떻고 그 집의 이부자리와 베개는 풀 먹여 정갈함이 참 기분 좋았다며 어머니와 도란도란

이야기가 밤새 이어졌다.

요즘은 휴무가 길어지는 날엔 해외여행객들로 공항이 복잡하다고 한다. 물론 다른 나라의 풍습과 문화도 알아야 한다. 그러나 가끔은 허영과 사치에 빠지는 것을 볼 때가 있어 아쉬움이 든다. 나는 아이들 키우며 거창하게 여행이라는 것을 쉽게 떠날 수는 없었던 것 같다.

우리 부모님처럼 이웃 친척집이라도 다녀오면 여행이라고 착각하며 살고 있는 것은 아닐까? 하는 생각에 폼나는 현대인들에 비하면 나 자신이 촌스럽게 여겨지곤 한다.

친구 남편이 손수 지었다는 황토찜방에 들어가 텃밭에서 채취한 허브, 국화차를 마시며 살아온 세월을 털어내기 시작했다.

서로를 잘 알고 있다고만 여겨왔는데 모르는 것이 드러나기 시작하며 고통과 어려움을 겪을 때 살뜰히 더 챙겨주지 못한 것에 미안함과 기쁜 일에 함께할 수 없었던 지난 일에 아쉬움도 남게 했다. 특히 옆에서 친구 남편이 살짝 귀띔을 주었는데 해마다 배추농사지어 김장김치를 어렵게 지내는 분들에게 보내주고 학비가 없어 학업을 할 수 없는 젊은이들 몇 명에게 도움을 주고 있다고 일러 주며 친구 한달 생활비에서 조금이라도 남기지 않고 돕고 있다고 했다. 그 순간 우리는 서로를 바라보며 할 말을 잃고 가슴만 콩닥거렸다. 친구의 배려와 봉사가 한없이 큰 감동으로만 다가왔다.

아침 일찍 산책에 나서는데 우리의 엄마처럼 옷 단단히 챙기라며 부엌에서 친구의 외침이 멀리 퍼져나갔다.

개, 닭, 오리는 낯선 아줌마들의 등장에 저마다의 다른 목청으로 짖어대며 반겨 주었고 비닐하우스엔 겨울건강지킴이로 시금치와 각종 쌈 채소가 푸르게 자라고 있고 농기계는 휴식에 들어간 듯 여기저기 걸려있었다. 친구가 소중히 가꾸던 배추밭엔 주인의 알뜰함에 누런잎만 밭이랑에 누운 채 꽁꽁 얼어있었다. 집 앞에는 청보리가 찬바람에 나풀거리며 꿋꿋이 버티어내고 있는 모습에 나의 나약함을 엿보는 듯했다. 이 넓은 밭을 둘러보니 친구의 부지런함을 새삼 알 수 있었다. 아침식사 하라는 친구의 외침이 이곳 들판에 울려 퍼져 나오는데 못들은 척 그저 주위풍경에 헤어날 수 없었다.

친구는 이젠 집 내부를 구경시킨다며 지하저장고로 내려갔다. 가을햇볕에 말려놓은 표고버섯, 무청, 마늘피클, 매실즙, 각종약초로 만든 효소즙, 정말 우리는 탄성만 내질러댔다. 더욱 놀란 것은 멸치육수, 소사골육수를 가마솥에 장작불로 몇 시간 우려내서 모두 팩으로 진공포장 해 나열되어 있었고 생선은 바로 먹을 수 있게 손질해 날짜까지 표시해 있었다.

친구는 갑자기 친정엄마로 변신을 하더니 그것들을 골고루 각자의 몫으로 몇 보따리를 싸기 시작했다. 그리고 약밥까지(약식)

차곡차곡 담아주며 한 가지라도 빠지지 않았는지 확인까지 하면서 더 싸주고 싶어 안달인 모습은 영락없는 모두의 친정엄마 같다.

친구 남편은 자연산홍합은 도시에서 흔하지 않으니 가족들 맛보라며 물이 새지 않게 비닐에 담아 단단히 묶어 싸주는 세심함은 정 많던 아버지를 연상하게 했다.

자신보다 남을 배려하는 친구의 아름다운 마음이 여행에 훈훈한 정을 보탰다. 석양이 먼 산에 걸려 노을이 질 즈음 멀어져 희미하게 보일 때까지 담장에 기대어 손을 흔들어 주던 친구를 뒤로하고 돌아오는 길엔 짐 보따리에서 푸근한 향기가 훌훌 풍겨 나오는 것만 같았다.

오늘도 우리집 식탁엔 친구의 정성과 손맛으로 행복한 밥상이 차려졌다.

부끄러운 손

희고 가느다란 고운 손을 가진 여인을 보면 그렇게 귀티가 나 보일 수가 없다. 손톱 끝이 뾰족하게 잘 다듬어져 있는 것을 보아도 날카롭게 여겨지지 않는다.

투명한 속살은 맑은 물에 씻어낸 조약돌처럼 깨끗한데 손가락에 값나가는 보석 반지를 끼지 않아도 결코 초라해 보이지 않는다.

그 예쁜 손에 봉숭아물이 들여 있는 것을 볼 때면 고향의 여름밤이 떠오른다. 앞마당에 피어있던 빨간색 봉숭아꽃을 따다 찧어 가늘고 힘없는 내 손가락을 펴가며 손톱에 얹어 호박잎으로 동여매 주시던 어머님의 말씀 또한 생생하다. "착한 마음을 가져야 곱게 물들여진다." 고 하시며 잠도 얌전히 자야한다고 당부까지 하셔서 그날 밤은 손에 쥐가 날만큼 공을 들였던 기억이 고스란히 남아있다.

요즘은 손톱을 치장하는 화장술도 발달했고 관심을 갖는 사람도 많아 갖가지 색상들이 화려한 메니큐어의 종류도 다양하다. 나도 딸의 성화에 네일아트에 몇 번 따라가 손톱과 손목까지 관리를 받아본 적이 있다. 어찌나 도구들도 여러가지로 세심하게 잘라내고 다듬는지 시간이 꽤 걸렸다.

여러 사람을 만나면서 가장 먼저 눈을 마주치며 시선이 머무는 곳이 손이라고 한다. 우리 딸은 나에게 가끔 이렇게 말을 한다. "손을 보면 그 사람의 삶이 보인다." 며 엄마도 큰돈을 들여 관리하시라는 것이 아니라 햇빛에 노출 시키지 말고 장갑도 끼시고 핸드크림도 바르면서 부드럽게 가꿔보라고 했다.

그런데 내 손은 여름이 지나고 찬바람이 불기 시작하면 손톱 주위부터 갈라지기 시작하면서 가을에서 겨울까지는 피가 날 정도로 심해진다. 한 해도 거르지 않고 어쩌면 계절도 잊지 않고 잘 맞추어 찾아오는지 신기하게만 여겨진다.

대개 난처한 상황이나 윗사람 앞에서 예를 표할 때에 먼저 손을 모으거나 매만지게 되는데 나는 그와 반대로 손가락이 갈라져 밴드로 동여맨 것이 창피해서 손을 감싸게 된다. 여러 곳 병원을 찾아가 보았지만 어김없이 가을부터 다시 나를 괴롭히는 것은 멈추지 않고 있다.

가끔은 꾀병처럼 오해를 받기도 한다. 집에서는 그럭저럭 견디며 부엌일을 하지만 친지나 가족이 함께 집안 대소사를 겪을 때 쉽게 설거지물에 팔 걷어 부치고 손을 넣을 수 없으니 피가 찍찍 나며 갈라지는 고통은 몇 개월 동안 스트레스를 퍼붓고 내 곁에서 떠날 줄 모른다.

손톱은 피부의 단백질이 굳어진 것이라고 한다. 손과 손톱을 보면 건강함도 알 수 있었다고 하는데 손바닥이 붉으면 어디가 어떻고 손톱 살색 안쪽의 반달무늬가 선명해야 건강하다고 하는데 아직 어느 말이 정답인지 헷갈리기만 한다.

나는 붉고 윤기있는 손톱과 부드러움으로 자연의 신선함처럼 투박해도 찬바람에 견디어줄 수만 있다면 바랄 것이 없겠다.

세상에는 살다보면 잘 다듬어진 손만 있는 것이 아니다. 우리 시어머님은 꽃종이를 염색하셔서 조화를 만드셨는데 분홍손가락을 어디가도 당당히 내미셨다. 진한 분홍색 손은 자식들을 가르치느라 몸부림치던 흔적으로 자랑스럽게 훈장처럼 남아있었다. 새벽부터 종일 논밭에서 일하시던 아버지의 손은 손톱 밑으로 살을 파고 들어가 흙이 끼어 있었고 언제나 풀물이 들어 파란색을 띄고 있었다. 겨울이면 사랑방에서 짚으로 새끼를 꼬느라 살이 터지고 손톱이 부서지던 아버지의 손을 떠올려보면 지금도 가슴에 애잔함이 매달려있다.

요즘 지하철을 탈 때면 지나치게 자극적인 메니큐어를 칠한 젊은이들을 볼 수 있는데 페인팅을 하지 않아도 자연의 빛으로 아름다움을 표현한다면 더 매력적으로 보일 것 같다는 생각을 한다.

여름의 끝자락에서 머물고 싶다. 솔솔 가을바람이 내 손가락에 상처를 달아 줄 것 같은 확신에 두려워하고 있다.

손을 예쁘게 다듬고 일을 하려면 장애가 되기도 하는데 현대의 미인들은 손톱을 가꾸고 치장을 하며 시간과 돈을 투자하는 것을 보면 이제 미인의 조건은 손도 아름다워야 되는 요즘시대인 것임엔 틀림없나보다. 나는 꼼짝없이 미인이 되기엔 아예 글렀다고 망설일 필요도 없이 쉽게 시인해버린다.

친정어머니는 딸의 손을 볼 때마다 당신의 살아온 세월을 짚어보시면서 너무 편해서 그렇다며 순식간에 명의가 되어 판단을 내려주시니 답답할 뿐이다.

이제는 가족이나 친구들에게 소문이 쫙 퍼져서 여행을 다녀올 때 손에 바르면 효과가 있다는 핸드크림이나 연고를 종종 내게 선물하곤 하는데 아직은 효험을 입증해 보이지 못하고 있으니 안타깝기만 하다. 화장대에 줄 맞추어 늘어선 핸드크림을 바른 후 면장갑을 끼고 잠을 자야하는 내 모습이 조롱거리가 되어 놀려대는 가족들의 웃음소리에 위안을 받곤 한다.

그래도 가을이 오기 전에 봉숭아물을 발갛게 들여놓으면 그 반갑지 않은 손님이 얼씬도 못하게 방패막이라도 되어 줄 것 같은 얄팍한 바람을 가져본다.

가을빛에 내 열손가락을 춤추게 하고 싶다.

동행

솔솔 가을바람이 차갑게 느껴지는 아침 문학회원 김 선생님이 전화를 하셨다. 너무 아름다운 풍경을 혼자만이 감상하기엔 아까운 곳이 있어서 몇몇이 같이 가면 어떻겠냐는 것이다. 평소에 나들이하는 것을 좋아하는 난 바로 쾌히 받아들였다. 어릴 적 소풍날을 기다리듯 설렘에 콧노래가 절로 나온다. 오전에 글 수업을 마치고 다른 회원들에게 죄지은 양 움츠리며 몇 명만이 살짝 차에 올라 떠났다. 약간은 스릴을 맛보며 미안함이 따랐다.

첫 도착한 곳은 김 선생님이 정년퇴임 후에도 계속 사모님과 꽃모종을 하며 정성으로 가꾸었다는 농촌의 조그마한 초등학교 운동장이었다. 가득 메운 구절초와 활짝 핀 화단에서는 벌과 나비떼가 우리를 반겨주었고 그 어느 비싼 향수보다 상큼한 향기를 아낌없이 뿜어내고 있었다. 보랏빛 꽃 한 가지를 꺾어 머리에 꽂고 폼나게 사진촬영도 하며 어린아이처럼 즐거웠다. 은행나무로 둘러싸인 학교 울타리를 둘러보며 동네어귀에 들어서니 낯선 우리 일행을 보고 여기저기서 강아지들이 짖어댄다. 한쪽에 차를 세우고 "전월산" 이라는 팻말을 찾아 간단한 음료만을 챙겨 등산로를 따라 오르기 시작했다. 가을 가뭄이 심한 요즘 푸석푸석 먼지를 일으키며 바싹 마른 솔잎의 바삭거림과 빈껍데기 밤송이를 헤쳐가며 걸었다. 한참을 오르다보니 "며느리바위"라고 적혀있는 이 마을에 내려오는 전설을 설명해놓은 글이 돌에 새겨있었다. 천천히 읽어보니 옛 고을 부잣집 며느리의 심성 고왔던 마음을 높이 기리기 위한 것으로 널리 알리기 위해 기념으로 세워진 것이다. 이 순간 어른에 대한 공경심이 마음에 와 닿았다.

오랜만에 산행을 와보니 숨이 차고 쉽지 않았다. 일행들의 뒤에 따라가며 내 컨디션을 조절하느라 느릿느릿 걸으며 정상까지는 칠백미터라고 적혀있는 표지판을 보았는데 꽤 높고 멀게만 느껴진다. 힘들어하는 내 모습을 보고 몇 년이나 연배이신 선생님들이 슬슬 놀리신다. 앞으론 체력관리에 더 관심을 갖고 노력해야겠다.

드디어 정상에 도착해 물도 마시고 땀도 닦으며 들판을 내려다보니 모두들 누가 먼저랄 것도 없이 탄성을 자아냈다. 반듯한 바둑판 모양의 들판은 금가루를 뿌려서 덮어 놓은 듯하다. 유명한 화가의 그림을 감상하고 있는 착각에 빠진 듯 말이다. 뒤쪽엔 강이 흐르고 희미하게나마 먼 곳 소도시까지 보였다. 서로 손을 뻗혀가며 "저기는 어디고, 이쪽은 어디고" 방향을 가리키느라 분주했다. "야! 멋지다 멋져" 하며 아름다운 자연에 눈을 뗄 수가 없었다.

이곳이 모두 행정도시로 변하기 전에 우리 일행에게 보여주고 싶어 했던 김 선생님의 마음을 이제야 조금은 알 것 같았다. 멋진 풍경을 욕심껏 눈에 가득 담고 마른 나뭇잎에 미끄러움을 조심하며 안전하게 내려왔다. 높은 정상을 다시 한번 올려다보며 도전했다는 뿌듯함에 힘든 것도 잊은 채 아쉬운 여운을 끌어안고 김선생님의 농장으로 가기 위해 서둘렀다. 꼬불꼬불한 산길을 올라가니 곧 "OK농장" 이라는 팻말이 우뚝 서있었다. 더구나 김 선생님이 늘 자부심을 갖는 해병대 마크까지 붙여놓았으니 짓궂은 재치에 우리 일행은 입구에서부터 소란을 피우며 떠들썩하게 웃기 시작했다.

'누구든지 환영한다는 뜻일까?' 아니면 '이 농장 채소들이 무조건 잘 자라준다는 것일까?' 서로 농장 이름에 의견이 엇갈리며 해답을 찾지 못하고 넓은 밭을 구경하러 나섰다. 깨는 익어서 누워버렸고 쑥갓, 상추, 가지, 배추, 무……. 등등은 가을빛을 받아 반들

반들 윤기가 흐르고 뽐내고 서있는 모습은 김 선생님의 부지런함을 엿볼 수 있었다.

주위를 둘러본 후 준비해간 고기와 몇 가지 반찬, 과일을 꺼내들고 식사준비에 바빴다. 밭에 나가 상추와 고추, 쑥갓을 따다 씻어놓으니 눈부실 만큼 싱싱함을 잃지 않은 푸른빛은 더 돋보였다. 사모님이 직접 담갔다는 포도주 한 병을 꺼내놓으시는 김 선생님의 넉넉함과 잘 구워진 고기에 야채쌈을 먹는 이 맛은 일류호텔의 호화스러운 음식 맛에 감히 비할 수가 있으랴 달콤하다고 표현해야 옳을 것 같다. 먼지에 쌓여 한쪽 귀퉁이에 놓여진 골동품 같은 라디오에서 흘러나오는 옛 노랫가락은 흥을 돋구어주기에 충분했다. 모든 시름을 잊고 잠시나마 홍에 겨운 표정으로 포도주를 홀짝거리며 소박한 전원의 파티에 푹 젖어본다.

저물어가는 해를 뒤로하고 오늘 오지 못한 회원들과 다시 올 것을 기약하며 자리에서 일어났다. 가을 들녘엔 농부들의 바쁜 일손이 수확의 기쁨으로 가득해보인다. 조그마한 연못에는 청둥오리 떼가 둥둥 떠다니며 여유를 부리는 모습에서 먼 훗날 나도 저 모습을 닮고 싶어진다. 자연은 인간의 마음을 안정시켜주며 편안함을 가져다준다는 것을 새삼 알게 했다. 몰래한 짧은 나들이가 풍성하게 가을 낙엽처럼 차곡차곡 쌓였으면 하는 바람으로…….

이웃집 이사 가던 날

가족들은 말했다. 엘리베이터에서 가끔 낯설은 이웃을 만나면 서로 인사도 않고 무표정한 얼굴로 어색하기만 했다고 한다.

추운 겨울이 지나고 봄이 다가온 요즘 이삿짐을 옮기는 모습을 쉽게 볼 수 있다.

어릴 적 시골에서 자란 나는 이사 간다는 것을 모르고 지냈다. 부모님도 태어난 곳에서 생활하시다 그곳에서 생을 마감하셨기 때문이다.

아파트에 입주해 15년을 넘게 살면서 다른 곳으로 이사를 못 가고 있는데 이웃들은 자주 바뀌고 있다. 토종 된장국으로 고향을 생각나게 하던 이웃도 있었고 가끔 늦은 시간에 피아노연습을 열심히 하는 학생 때문에 인내심이 필요하기도 했다.

어느 날 처음 보는 꼬마 어린이를 만나서 먼저 "안녕"하고 말을 건넸더니 입을 꼭 다물고 대답이 없었다. 옆에 젊은 엄마가 통역이라도 하듯이 외국에서 나고 자라서 아직 우리말을 하지도 못하고 알아듣지도 못한다고 자세하게 설명을 해주었다. 그 말을 듣고 영어 대신 손만 흔들어주며 웃음으로 모면했다. 결국 유치원에도 적응을 못하고 서울로 이사를 갔단다. 이젠 우리말을 잘 할 수 있는지 가끔 그 꼬마어린이가 궁금하다.

아파트에 사는 이웃과 고향농촌마을의 이웃을 비교하며 푸근한 정이 숨어버린 듯 차가운 바람으로 스쳐 지나고 있다. 굴뚝에 저녁연기 뭉게뭉게 뿜어대며 소박한 음식을 준비하던 동네 아주머니들의 후한 인심으로 찐 고구마를 자주 얻어먹었던 기억이 생생한데 이젠 그 따뜻함이 달아날까봐 붙잡고 싶다.

우리 아파트에서는 처음 입주 때부터 지금까지 살고 있는 사람을 "원주민" 이라는 호칭을 하고 있는데 모두 떠나고 이젠 많지가 않단다. 우리 민족은 기쁜 일 슬픈 일을 함께 나누며 인정을 아낌없이 퍼주었는데 요즘 아파트에 살게 되면서 이런 모습은 보기 어렵게 되었다. 며칠 전 현관입구에서 남녀가 다정하게 손잡고 인사를 건네며 결혼했다고 소개를 하는데 당황을 했다. 같은 라인에 살면서도 부담 될까봐 알리지 않았다고 말했을 때 현대문명이 발달하면서 이웃의 관심과 정을 빼앗아 달아난 듯해 그날은 종일 씁쓰레하게 보냈다.

개인주의로 변해가면서 간섭을 싫어하고 이웃이라는 존재가 사라질까봐 두렵기도 하다. 우리 집 아래층에 살던 가족들이 거의 한 달동안 보이지 않는다. 아이 넷을 조용하게 교육시키며 언제나 입가에 미소만 살짝 지으며 인사하던 부부였는데 소식을 알 수 없어서 답답하다. 서로 오가며 왕래는 하지 않았지만 원주민이었기 때문에 오랜 세월을 함께하며 묵은 정이 담겨 있었다.

주말 아침 일찍 이삿짐 사다리가 현대기술을 뽐내듯 높은 층까지 척척 올라가 무거운 짐을 실어 나르고 있다. 큰 보자기에 이불을 싸고 김치 항아리를 조심조심 나르고 아끼던 유리컵, 부엌살림들이 깨질까봐 조바심 내며 이사했던 지난 날들이 추억으로만 밀려나 있다. 요즘 이삿짐은 밖으로 보이지 않게 포장을 하고 세련되게 여행을 떠나는 것처럼 근사하게 싣고 간다.

우리도 새 아파트로 옮겨 보고 싶어 이사가는 사람이 부럽기도 한데 낯선 곳에 적응이 불안해 망설이며 주저앉고 있다. 아마도 수줍음이 많아 겁쟁이가 되었나보다.

베란다에 나가 빨래를 널고 있는데 밖에 조그마한 트럭에 옛날 이삿짐처럼 살림이 실리고 있었다. 바로 내가 궁금해 했던 아래층이었다. 오랫동안 소식을 몰라 반가움에 내려갔더니 전혀 모르는 사람들이 짐을 옮기고 있어 그냥 돌아와 처음보다 더 궁금증이 늘어났다. 그 아이들의 멋진 연주솜씨 첼로의 구슬픈 울림, 낭랑하게 들리던 피아노 선율도 들을 수 없게 되어 서운함이 곱절로 다가왔다.

하루해가 저물어 어둠이 찾아든 초저녁 초인종이 울렸다. 누군지 묻지도 않고 나갔더니 아래층에 살던 부부가 살짝 미소 지으며 서있었다. 너무 뜻밖이라서 서로 바라만 보다 포옹을 하고 어디로 이사 가셨는지 궁금했었다고 했더니 빙그레 웃으며 멀리 미국으로 이민을 갔다고 했다. 일주일 동안 한국에 머물면서 뒷정리하고 애들만 떼어놓고 와서 바로 떠나야 한다며 떡을 건네주었다. 작별인사 겸 서운한 마음으로 떡을 준비한 것이라는데 부부의 따뜻한 마음을 전해주듯 온기가 그대로 전달되었다. 이렇게 고운마무리를 하고 떠나는 부부의 아름다움이 봄의 꽃향기로 우리집 거실에 가득 안겨 주었다. 빵을 자주 구워 고소함을 솔솔 윗집으로 풍겨주며 입맛을 돋우어 주었는데 그 달콤함도 주인과 함께 떠나게 되어 다시는 맡을 수 없게 되었다.

멀고도 먼 미국 나라로 떠난다는 이웃가족에게 우리만이 갖고 있는 독특한 맛 토종 된장과 고추장을 앙증맞은 항아리에 담아주고 싶었는데 마음뿐이었다.

이런 나는 촌스러운 이웃일까?

이웃사촌이 떠나던 날 가슴 한켠이 휑하다.

이웃사촌

겨울 햇살이 유리창을 뚫고 들어와 내 등을 따끈따끈 데워주니 졸음이 살살 오려한다. 이때 "딩동댕" 벨이 울려서 나가보니 앞집 아주머니다. "안녕하세요? 들어오세요." 했더니 "다름 아니고 언제 저녁시간 좀 내봐. 양쪽 집 연말도 되고 했으니 식사나 같이 하자고……. 식당은 예약 해놓을 테니까." 하시며 문 앞에 서서 용건만 말씀하시고 바쁘다며 가셨다.

지금 살고 있는 아파트에 앞집과 우리는 처음 같이 입주해서 올해로 십년이 조금 넘게 살고 있다. 우리 부부보다 훨씬 연배이셔서 평소엔 호칭을 "형님" 이라고 부르고 있다. 칠순을 가까이 하시고도 문화생활에 뒤지지 않고 컴퓨터와 책을 옆에 두고 긍정적인 사고를 갖고 생활하시는 분들이다. 넉넉한 경제 수준의 위치에 자리잡고 안정적이지만 늘 검소하고 사치와 낭비는 조금도 찾아볼 수가 없다. 이런 부모님의 모범적인 것을 배우고 자란 자녀들도 모든 주위사람들이 부러워할 만큼 훌륭한 인재로 각 분야에 뛰어난 재능을 갖고 사회에서 각광받으며 열심히 살고 있다.

내가 살면서 애들 문제로 어려움을 겪을 때나 쉽게 풀리지 않는 일에 얽매일 때는 자주 찾아가 의논을 하곤 한다. 때로는 엄격한 부모가 되어야 한다는 것도 일러주시고 서두르지 말고 침착해야 한다는 것도 알게 해주셨다. 늘 겸손한 자세와 시간을 소중히 아껴 쓰는 것을 배웠고 음식은 쌀 한 톨 버리지 않는 마음을 일깨워 주셨다. 이보다 더 값진 생활의 지혜를 어디서 얻을 수 있겠는가…….

요즘 아파트 생활에 앞집, 윗집에 누가 사는지도 모른다는데 어른이 늘 배려하는 마음으로 우리를 챙겨주시니 고마울 따름이다. 맛깔스런 김장김치를 맛보라며 가져오고 호박죽이라도 끓이면 큰 대접에 담아 건네줄 땐 소박한 정을 듬뿍 느끼게 한다.

몇 년 전 내가 몸이 많이 아파 서울에 가서 입원 치료를 받고 있을 때도 찾아오셨다. 여유 있는 위로와 대담하게 이겨나갈 수 있는 용기를 주었고 복잡했던 내 마음을 평화롭게 다독여 주셨다. 그때

큰언니 같은 푸근함을 안겨주신 것은 잊을 수가 없다. 우리 애들을 만날 때마다 두 분은 요즘 젊은이들이 올바른 길로 나아갈 수 있는 이로운 말씀을 짧은 시간이지만 유익하게 들려주시곤 한다.

그 후로 나도 앞집 언니, 오빠가 모든 일을 슬기롭게 헤쳐 나가면서 알뜰하게 살아가는 얘기를 우리 애들에게 자주 들려주고 했더니 많은 도움이 되었다.

며칠 후 양쪽 부부가 만나 예약해 놓은 음식집을 찾아갔다. 맛난 집으로 소문난 식당에 들어서니 손님들로 꽉 차있었다. 가족과 함께 아니면 친구나 직장동료들과 모여서 웅성거림과 여기저기 어울려 한해를 보내는 듯한 모습이 눈에 띄었다.

우리도 그 틈에 끼어 자리를 잡고 앉아보니 작은 송년회를 하러 나온 듯한 기분이 들었다. 넷이서 유리잔에 약주를 따라놓고 "감사합니다. 건강하세요." 하며 손을 높이 들어 건배를 했다. 맛있는 복어 탕에 미나리와 갖가지 야채들이 입맛을 돋우어 주었고 이 집에서만 맛볼 수 있는 복어튀김은 정말 독특하다고 생각하면서 손님이 북적대는 이유를 알 것 같았다.

앞집 아저씨는 같은 아파트에 사는 것이 옛날 같으면 한 마을을 이루고 사는 것인데 가장 가깝게 지내야 한다며 이런 자리를 자주 만들어야 한다고 하셨다. 일년이면 몇 번씩 맛난 음식집을 찾아 우리를 초대해 주셨다. 그런데 우리는 그때마다 한번도 음식 값을 내어 본 기억이 없다. 미안한 마음에 어른을 저희가 모셔야 하는데 하고 계산이라도 하려고 하면 손을 흔드시며 되레 꾸중을 하신다. 곧 우리부부는 얼굴을 붉히며 "죄송합니다." 말씀드리면 "절대 그런건 아니고 윗사람인 내가 맛있는 것 자주 사줄테니 언제든지 시간만 내라." 고 하신다. 바로 앞집에 젊은 부부가 부지런하고 검소하게 살아가는 모습이 보기 좋다며 칭찬만 해주시니 부끄럽기만 했다. 언제나 받기만 하는 우리는 시골 텃밭에서 수확해온 고구마와 갖가지 채소들을 드리고 할 뿐이다. 이럴 때마다 너무 좋아하시는 모습을 볼 때 조금은 미안함을 덜 수 있는 기회인 것 같아 마음이 편해진다.

해마다 십이월이 되면 잊지 않고 송년회자리를 갖게 해주셨다. 오늘도 한해를 보내는 아쉬움과 새해에도 건강하고 재미있게 살자며 힘찬 목소리로 다시 한 번 건배를 하고 작은 송년회는 막을 내렸다.

내년에는 우리부부가 멋진 송년회로 모시겠다는 계획을 품고 연말 분위기를 한층 높여주는 길가의 나무에 장식해놓은 화려한 무지개 불빛 안내를 받으며 집에 돌아왔다. 먼데 있는 친척보다 이웃사촌이 더 가깝다는 것을 일깨워준 두 분께 감사드리며 이 따뜻한 정을 오래오래 간직하고 싶다.

금강에서

세월 속에 묻혀진 여고시절 토요일 오후가 생각난다. 뜨거운 햇빛에 달구어진 아스팔트길이 흐느적거리던 여름이었다.

학교에서 돌아와 보니 내 방문 앞에 편지가 와있었다. 고향에서 절친했던 친구 순이가 보낸 것이다. 반가운 마음에 성급히 읽어보았다. 토요일 오후 두시까지 대전역 앞으로 꼭 나오라는 간단한 내용이었다. 그때는 전화로 연락할 수 있는 여건도 아니었고 무슨 일인지 궁금하기만 했다.

며칠 후 학교에서 돌아와 교복을 벗어놓고 서둘러 역으로 나갔더니 친구는 나를 발견하고 손을 흔들며 반갑게 맞이했다. 생각지도 않던 고향동창 남자친구도 함께 나와 있었다. "오랜만이다." 하더니 우리학교 친구 두 명 데리고 나왔는데 강가에 가서 놀다 오자는 것이다. 나는 순간 당황했지만 고향에서 부모님들도 잘 아는 관계라서 마음을 놓을 수 있었다.

저쪽에서 기다리던 남학생 둘을 부르더니 우리를 인사시켜 주었다. 교복 외에는 제대로 된 외출복도 없던 시절 초라한 옷차림이 낯선 남학생들 앞에서 부끄럽기도 하고 어색하기만 했다. 그런데 고향 남자친구와 그 남학생들은 한껏 멋을 부리고 대학생들같이 차려입고 나온 것이다. 큰 배낭을 메고 낚시 도구까지 챙겨들고 제법 그럴 듯 해보였다.

시골강가를 가기 위해 버스에 올랐다. 사람들이 빼곡한 버스 안은 여름더위에 퀴퀴한 땀 냄새로 매스껍고 역겨웠다. 털털거리는 시골길을 느리게 달리는 버스는 지루하기만 했다.

한 시간쯤 지나자 종점에서 내려서 우리일행은 말없이 터덜터덜 강쪽을 향해 걸어갔다. 남학생들은 무거운 짐을 메고 땀을 펄펄 흘리며 힘든 것을 참는 모습이 보였다. 그렇게 찾아간 곳은 고운 모래밭이 펼쳐져있는 금강줄기의 고요하게 흐르는 강가였다. 미루나무들이 줄지어 서있었고 강 언덕 위에 여기저기 자리잡은 마을들이 정다워 보였다.

우리들은 버드나무 그늘 밑에 앉아서 강변 풍경의 한가로움을 맛보았다. 여름철새들이 얕은 강물에서 발 담그고 먹이를 찾는 모습은 아름다운 그림을 보고 있는 듯 했다.

강바람에 땀을 식히고 짐을 풀기 시작했다. 라면 몇 봉지와 과자를 꺼내놓았고 매운탕을 끓일 재료와 냄비 수저까지 꼼꼼히 준비해온 듯했다.

텐트를 꺼내서 어렵게 조립을 하는 손놀림은 처음해보는 듯 힘들어 보였다. 남자친구들은 이렇게 우리가 쉴 곳을 마련해주고 낚시도구를 들고 강으로 나갔다.

친구와 나는 부드러운 모래 속에 발을 묻고 밀렸던 이야기를 풀어놓기 시작했다. 무슨 생각이 그리 많고 무슨 허황된 꿈이 그리 많았는지 할 말도 많아 시간가는 줄 모르고 진지하기만 했다.

이때 갑자기 멀리서 까만 구름이 밀려오면서 한낮의 내리쬐던 햇빛이 사라져 버렸다. 밤에 전깃불이 꺼진 것처럼 어두워졌다. 주위를 돌아보니 놀러나온 사람들이 부랴부랴 짐을 챙기며 떠나기 시작했다. 어렵게 세워놓은 텐트가 심하게 불어오는 강바람에 휘청거리고 있었다.

먹구름은 점점 낮게 가라앉으면서 굵은 빗줄기를 몰고 와 마구 퍼부어댔다. 요란한 불빛의 천둥번개는 우리를 더욱 겁나게 했다. 텐트 속에 들어가 웅크린 채 빨리 그 친구들이 돌아와 주기만을 기다렸다.

한참을 퍼붓던 빗줄기는 약해졌지만 그 친구들은 흠뻑 젖은 몸으로 추위에 떨고 있었다. 기대했던 매운탕은 먹을 수 없었고 그날 저녁은 라면으로 허기진 배를 채웠다. 친구와 난 좁은 텐트 속에서 밤을 샜고, 그 친구들은 젖은 나뭇가지에 불을 지펴놓고 모래밭에 앉아서 밤을 샜다고 했다.

아침에 일어나 보니 강물은 어젯밤에 내린 폭우로 벌겋게 흙탕물로 덮여 있었다. 고요한 강물에 모락모락 피어오르는 안개의 아름다움을 한껏 즐길 수 있어서 좋았다.

강가에 매어놓은 작고 낡은 나무로 만든 배는 물결 따라 흔들리며 주인을 기다리는 듯했다. 고향 남자친구는 흙탕물 속에서 허우적거리며 나오더니 한손에 물고기가 담긴 통을 들고 나타났다. 드디어 매운탕을 끓이게 되었다고 우리 모두 기뻐하며 불가에 빙 둘러앉아 그 친구 젖은 옷을 말리며 맛있는 찌개를 기다렸다.

그런데 아저씨 한분이 우리 곁으로 오더니 “학생들이 내 배에서 물고기 꺼내갔지?” 하면서 큰소리로 야단을 치는데 고향 남자친구는 사과하는 태도가 오히려 싸울 것처럼 기세를 부리니 아저씨가 그냥 돌아갔다. 그 물고기는 주인 몰래 가져온 것이었다.

장마로 낚시는 못했지만 여자친구 앞에서 두둑한 배짱과 폼나게 남자의 패기를 보여주고 싶었던 마음을 알 수 있었고 우리는 한참을 웃었다.

성인이 되었을 때 고향친구는 이렇게 털어놓으며 말해주었다.

그날 가져간 텐트와 배낭, 낚시도구는 대여점에서 빌려온 것이었고, 폭우에 낚시도구는 망가졌고 텐트도 비에 젖어서 보상을 해주었다고 했다.

고향 남자친구는 시골 초등학교 동창 모임에서 가끔 만나는데 같이 갔던 두 남학생들은 그 후로 전혀 만날 기회가 없었다.

언젠가 만나게 된다면 비 피해보상을 맛난 매운탕으로 대접해 줘야겠다.

몇 십년이 지난 지금 그 자리에는 쉬지 않고 흐르는 강물은 그대로인데 우리들은 풋풋함을 잃어 가고 있다.

교육의 세계화

몇 일 전 신문 종합란에 미국 소도시로 유학 가 있는 어느 가족의 생활이 자세히 소개돼서 읽어 보았다. 한국인은 평생 들어보지도 못한 미국 조지아주의 소도시로 우리나라 유학생들이 서서히 몰려오고 있단다. 이유는 학군 좋고 물가도 싸고 명문대를 갈 수 있는 길이 열려있다는 것이다. 유학열풍이 고소득층에서 평범한 중산층으로까지 확대되는 요즘이다.

우리 주위에서도 가끔 보면 학생과 엄마가 꼭 같이 가서 뒷바라지를 해준다. 태평양을 사이에 두고 떨어져 살고 있는 아버지와는 인터넷을 통해 화상으로 얼굴을 보며 잠깐 대화를 할 뿐이다. 살던 집을 처분해 유학자금으로 보내고 가장은 혼자 남아 조그마한 오피스텔을 얻어 생활하면서 직장을 다니는 외로운 모습을 종종 볼 수 있다.

서울 강남에서는 과외비만 월 백만원 이상 투자해야 원하는 고등학교와 대학에 갈 수 있다는 우리의 현실에 비해 사교육비도 안 들고 교육환경이 대도시 못지않은데다 물가도 싸기 때문에 부담이 가지 않는다는 이유로 한국 유학생이 몰려들면서 대기자 명단에 올려놓아야 한다니 얼마나 부끄러운 일인가. 아이들도 그곳에 적응을 잘하고 공부도 곧잘 해주니 옆에서 지켜보는 엄마는 그곳 생활에 마음이 편하고 만족한다고 표현을 했다.

선진국에서는 학부모에게 학교선택권을 주고 학교와 교사간의 평가 경쟁을 해서 교육경쟁력을 높여주는데 우리는 평등교육에 얽매여 발전하지 못하고 있는 실정이다. 심지어는 교사들의 교육능력 평가제를 실시한다는 교육부의 발표에 학교수업마저 빠지면서 반발하는 모습이 눈에 거슬렸다. 그나마 내년부터는 시·도 교육감이 갖고 있는 국제 중학교와 특수목적고 설립인가권마저 교육부가 회수한다고 한다. 이렇게 되면 점점 우리 교육은 선택권이 좁아지면서 밝은 미래를 보장할 수 없게 된다.

교육에서 해외탈출이 2000년 4,400명에서 4년 만에 4배가량 급증한 것도 평등교육이 문제인 것이다. 초등학생은 영어 때문에 중

고생은 국내교육에 대한 불만이 유학의 이유라고 한다. 외국에서는 우리나라 교육시스템까지 정부에서 일일이 간섭하기 때문이라고 꼬집었다.

우리나라에도 공기 좋고 교통이 발달한 소도시들이 얼마나 많은가, 오히려 농촌과 소도시에 살고 있는 학생들이 대도시에 밀집해있는 학교를 가기 위해서 얼마나 많은 시간과 돈을 낭비하는지 모른다. 학부모님들은 끝까지 뒷바라지하면서 많은 어려움과 부담을 안고 살기 마련이다.

이 시대에 아이들이 부족해서 폐교되는 학교는 점점 늘고 있다. 젊은 부부에게 설문조사를 해보았더니 우리나라 교육에 대한 불만으로 사교육비를 감당하기 힘들어 애들을 한명만 낳아서 기르고 싶다는 결론을 내렸다고 한다. 우리도 훌륭한 인재들이 앞장서서 공기 좋은 폐교된 학교들을 그냥 방치해둘 것이 아니라 주위의 문화시설과 연계해서 정부에서 교육환경을 조성해주고 학부모나 아이들이 스스로 선택해서 찾아와 필요한 교육을 받을 수 있도록 갖춰나갔으면 하는 바람이다. 잘못된 교육 탓에 지난해 교육수지 적자가 약 3조 1,500억원 이었다. 우리나라 전체가 벌어들인 것보다 20%를 다른 나라 학교에 쏟아 부었단다.

정부와 교육관계자들은 돈과 사람이 빠져나가는 것을 언제까지 뒷짐지고 보고만 있을 것인가? 국민들은 마음만 답답해진다. 경쟁력 없는 국내 교육만 받은 아이들이 취직시험에 허덕이고 실업과 실망감에 빠져들기 전에 정부는 시대착오적 교육을 바꿔나가야 할 것이다. 조기유학의 새로운 풍속도가 빠르게 자리 잡으면서 누구나 다 성공하는 것은 아니다.

향수병에 시달리면서 나쁜 유혹에 빠져 헤어나오지 못하고 일생을 망쳐 버리는 예도 있다. 그러나 대부분 해외로 조기유학 간 학부모들은 그곳에서 정착하면서 대학까지 보내서 앞날을 보장받으려 한다. 해외에서 과목별로 성적을 보면 우리나라 학생들이 우등생이 많다고 한다.

꼭 유학을 가서 공부를 해와야만 인정받는 현실이 안타깝기만 하다. 가족이 무엇인가, 매일 서로 부딪히며 알콩달콩 살아가는 모습이 우리네의 전통이라고 생각한다. 핵가족화에서 이제는 기러기 가족이라는 이름이 붙어 다닌다. 아버지, 가장과 떨어져 사는 생활이 이상적이라고 볼 수 없다.

교육이라는 것이 꼭 공부 잘하는 것만으로는 평가해서는 안된다. 가정에서 예의범절도 웃어른들께 배우며 조그마한 공동생활을 익힘으로서 사회에 나가 더 큰 것을 배워나갈 수 있다고 생각한다. 학교 교육의 질 등을 꼼꼼히 따진 뒤에 자녀들을 선택해서 보낼 수 있는 기회가 하루빨리 이루어지길 기대해본다.

제3부

뒤돌아온 세월

우정의 선물

아파트 담장을 수놓은 빨간 장미와 눈송이를 닮은 찔레꽃의 풍경을 우리 집 거실에 들여놓고 싶은 오월이다.

해마다 이맘때면 기억하고 싶지 않은 지난날이 떠오른다. 몇 년 전에 건강검진을 받았을 때 놀란 일이 있었다. 간에 종양이 발견되었는데 서울 큰 병원 전문의사를 찾아가 보라는 결과가 나왔기 때문이다. 그날 집에 돌아와 참혹한 심정을 가라앉히기가 힘들었다.

그동안 아이들 키우며 알뜰히 살던 모습들이 영화필름처럼 스쳐 지나갔다. 며칠을 어둠 속에서 헤어나지 못하고 내 인생이 시시하게만 여겨졌는데 문득 남편과 아이들을 생각하니 선명한 햇빛처럼 가느다란 희망이 솟아났다.

곧바로 담당의사가 작성해 준 소견서를 가지고 서울에 어느 대학병원을 찾아가 입원을 하고 수술을 받을 수 있었다. 조직검사 결과 다행히 최악은 아닌 결과가 나와서 그 순간 평화가 밀려오는 듯했다. 수술 결과도 좋고 회복도 잘 돼 20일 만에 퇴원을 하고 집에 돌아왔다. 퇴원만 하면 모든 것을 할 수 있을 것 같았는데 워낙 큰 수술이어서인지 기력도 없고 시들은 풀잎처럼 누워 지내는 시간이 많았다.

그렇게 내 마음이 앓아눕게 되던 어느 날 남편 친구가 병문안을 왔다. 남편과 학교동창으로 그동안 가깝게 지내온 유머가 넘치며 정이 많은 친구는 이런 초라한 내 모습을 보더니 우리 시골집 고향에 와서 맑은 공기 마시며 요양을 해보라고 했다. 며칠 후 아직 걷기조차 힘든 나는 엉거주춤한 걸음으로 남편의 도움을 받으며 친구 고향집을 찾아갔다.

친구 아내와 어머님이 구수한 된장국에 밥을 해주며 수술 후 입맛도 잃었을 텐데 많이 먹고 기운차려서 자주 오라며 따뜻이 대해주셨다. 그날 이후 주말은 물론 시간만 나면 찾아가 나는 큰 대청마루에 누워서 휴식을 하고 도시토박이 남편은 늘 시골생활을 동경해 온 터라 친구 따라 밭에 나가서 일손을 도왔다.

이런 모습을 지켜보던 친구가 갑자기 이십평 쯤 되는 텃밭을 내

어줄테니 아내의 건강을 위해서 유기농 채소를 가꾸어 보라고 했다. 아무런 조건 없이 선뜻 땅을 선물 받은 우리는 가슴이 뭉클했다. 남편은 더욱 신이 나서 쉬는 날은 물론이고 틈만 나면 밭으로 달려가곤 했다. 나도 덩달아 빠지지 않고 따라다니면서 건강이 좋아졌다.

남편과 나는 어설픈 농부 흉내를 내며 처음엔 실수도 많이 저질렀다. 친구 어머님과 이웃 주민들의 도움으로 밭 일구고 소 외양간에 가서 거름을 퍼오는 일부터 하나씩 배워나가는 재미에 푹 빠져 하루해가 저무는 줄 모르고 일을 했다. 잡초는 무성하게 자라나 우리를 고단하게 했고 모기는 윙윙거리며 대들어 귀찮게 굴었다. 그래도 푸석거리는 밭이랑에서 뾰족이 올라오는 새싹을 발견하는 순간은 신비함에 탄성을 질러댔다.

처음 그곳에 갔을 때 마을어른 몇몇은 낯선 사람이 자주 드나드는 것에 못마땅한 듯 그냥 놀러오다 말겠지 했다고 한다. 그런데 한 해 두 해 꾸준히 농사짓는 모습을 보더니 먼저 찾아와 말을 건네며 밭에 뭐 심었소? 하시며 관심을 보여주었다.

농사경험이 전혀 없던 남편은 해마다 가을이면 김장 무, 배추, 고구마, 고추를 수확하느라 바쁘다. 옆에서 몇 해를 지켜보던 친구가 이렇게 농사일을 잘 할 줄 몰랐다며 느닷없이 800평쯤 되는 밭을 다시 선물해 주면서 마음껏 전원의 꿈을 펼쳐보라고 했다. 또

한 번 진한 우정애에 감동으로 둥둥 떠 있는 기분이 밤잠을 설치게 했다. 곧바로 우리는 이제 밭이 넓어졌으니 특용작물을 재배해 보고 싶었다. 마을에 트랙터를 갖고 계신 이웃 아저씨께 부탁해 밭을 갈아 이랑을 만들어 놓았다. 갑자기 넓어진 밭에 가보니 땅부자가 된 농부 같아서 설레었다.

먼저 야콘 재배를 중점으로 하기로 했고 무, 고구마, 고추, 도라지를 파종했다. 다행이 야콘은 혼자서 쑥쑥 잘 자라주었다. 그러나 붉은 고추를 몇 포대 땄는데 계속되는 장맛비의 방해로 건조를 못해 썩혀버리고 말았다. 나중에 알아보니 마을사람들은 건조기계를 구입해 깨끗하고 색깔 곱게 말렸다고 했다.

고구마 캐던 날 우리 부부는 서로 쳐다보며 "농사 잘 됐네. 자축연이라도 벌여야겠는 걸?" 하며 고추에 대한 아픔을 지우려고 애써 웃음을 보였다.

야콘 캐던 날은 친구 분 가족들과 함께 밭에 나갔다. 경험도 없이 시작한 작물인데 의외로 풍년이었다. 첫 수확의 기쁨을 친구 어머님께 빨리 자랑하고 싶어 큰 상자에 담아다 드렸더니 깜짝 놀라며 이젠 전문 농사꾼이 되었다고 칭찬을 해주셨다.

시골에 텃밭을 일구어 낸 세월이 벌써 칠년쯤 되었는데 그동안 변한 것들이 많다.

올 봄엔 시골집이 더 투박하고 더 포근하게 황토흙을 발라주고 고풍스럽게 단장을 했다. 워낙 오래된 고택이라서 문틀도 휘었고 마루는 삐걱거려서 걸을 때마다 요상한 소리를 낸다.

우리가 시골에 처음 갔을 때 친구 분은 재치와 유머로 사랑채 방을 한 칸 분양해 준다며 사용하라고 했다. 구들을 깔고 황토흙을 바른 전형적인 온돌방에서 한낮의 휴식을 할 때면 창호지 바른 창문을 활짝 열어놓고 바람에 실려 오는 들꽃향기 맡으며 "씨나 뿌리며 살아라 한다. 밭이나 갈며 살아라 한다." 라는 박목월님의 향토시를 나는 자주 읊어보곤 한다.

늘 같으면서도 싫증나지 않는 자연의 풍경은 건강을 잃고 방황하던 나를 푸근하게 보듬어주었다. 수술 후 서울병원에서 정해진 날짜에 맞추어 정기검사를 받았는데 이상 없다며 2년 후에 오라고 하니 그 순간 설명하기 어려운 눈물이 내 마음과 눈 안에 가득 고인다.

농사 지으며 몸과 마음이 넉넉해지고 싱싱한 채소 마음껏 먹으며 아픔을 잊고 내 삶의 내면에 행복이 빼곡히 박혀있다. 올 봄에도 야콘, 고구마, 땅콩, 마를 그 넓은 밭에 파종을 했다. 남편과 함께 해가 뉘엿뉘엿 멀어져 갈 때까지 이름 모를 새들의 노래소리에 흥에 겨워 신나게 일을 마칠 수 있었다.

지금 나는 건강을 되찾아 남아있는 열정으로 원하는 길을 찾아 꿈을 이루기 위해 국문학을 공부하며 학문의 깊이를 알아가는 재미에 또 다른 보람을 얻고 있다.

젊은 학우들 틈에 끼어 무지개빛 꿈을 좇아 살아가는 기쁨을 안고 멋진 여운을 남기려 한다. 고향집 가마솥처럼 오래도록 달구어져 쉽게 식지 않는 우정을 소중히 간직하며 누군가 삶이 힘겨워 휘청거릴 때 응원의 등불을 밝혀줄 수 있는 겸손과 덕망을 갖춘 지혜로운 중년을 맞이하고 싶다.

선물로 받은 대지를 통해 자연에 순응함을 배웠고 나약한 사람을 건강한 모습으로 일어설 수 있도록 어루만져 주시며 대가없이 행복을 안겨준 친구 분과 가족에게 거듭 감사의 마음을 전한다.

오늘은 밭에서 오년 묵은 도라지 몇 뿌리를 캐다 저녁밥상에 올렸다. 그 어느 보약에 비교할 수 있으랴!

올해는 김장 배추 값이 금값이라고 어딜가나 주부들의 입에 오르내리는데 우리는 모종시기를 놓쳐 파종을 못했다. 밭에 무 씨앗만 넉넉하게 뿌렸더니 지금 뽀얗게 갓난아기 살결처럼 반쯤 내밀고 차가운 겨울바람을 견디며 주인을 기다리고 있다.

무를 수확하면 우거지를 삶아 이웃과 친구들에게 한 축씩 나누어 줄 생각을 하니 소박한 행복감에 부자가 부럽지 않다.

파종시기를 아직도 헤매고 있는 우리 부부는 역시 어설픈 "초보 농사꾼"임에 틀림이 없다.

그림쟁이는 밥 굶어요

누구나 타고난 소질 한 가지씩 지니고 태어난다는 어른들의 말씀이 생각난다.

운동선수를 봐도 그렇고 특히 만들기나 그림에 뛰어난 재주를 지니고 있는 사람은 달리 보게 된다.

나는 초등학교 때부터 미술시간은 지루하기만 했었다.

선생님이 각자 살고 있는 집을 그려오라는 숙제를 내주셨는데 지붕아래 반듯한 마루와 방문만 그려놓고 마당에 피어있는 봉숭아, 채송화, 해바라기 꽃을 넣어 완성했던 것을 떠올리면 지금도 창피하다.

친구들 그림은 굴뚝, 대문, 앞마당에 뛰어놀고 있는 강아지, 병아리까지 섬세하고 아름답게 한껏 발휘한 솜씨가 돋보였는데 내가 그려갔던 집과 꽃모양은 그림이라고 볼 수가 없을 만큼 엉터리였다.

손으로 만들고 그리기는 워낙 뒤떨어져 여고시절 가정수업시간에 뜨개질과 수예는 뒤죽박죽으로 좋은 점수를 받지 못했다.

결혼 초에는 떨어진 단추를 달아야 하는데 몇 번을 헤매었고 지금도 바늘을 손에 쥐는 것이 어설프다.

그런데 남편은 재봉틀에 박음질도 잘하고 아이들 미술, 공작 숙제지도를 척척 해낸다. 우산이나 집기들이 부서지면 새것처럼 수선을 해놓기도 한다.

중고등학교 다닐 때부터 미술반으로 활동하면서 제법 소질을 인정받았다고 한다.

미술선생님 칭찬에 그림 그리는 것을 좋아하며 각종대회에 나가 상도 여러 번 수상하면서 미대를 들어가고 싶었는데 부모님의 반대 때문에 꿈을 이루지 못한 것이라고 들었다.

선생님이 미술대학 보내시면 좋겠다고 부모님께 건의 했는데 "그림쟁이는 밥 굶어요." 라고 단 번에 거절했단다. 어른들은 대부분 미술에 관한 인식이 부족했고 특히 남자가 그림 그린다면 더더욱 허락하지 않았다고 한다.

대체로 피아니스트, 운동선수, 화가 그밖에 뛰어난 재주를 가진 사람 대부분이 부모님의 유전자를 이어받았다는데 남편도 시어님의 탁월한 감각과 색채감을 물려받은 것 같다. 어머님은 손으로 만들 수 있는 것은 뭐든지 한 번에 완성해놓으셨으니 말이다.

남편은 대학에서 건축학공부를 하면서 미술 동아리에 가입해 졸업할 때까지 적극적인 활동을 했단다. 그 미련을 떨쳐내지 못하고 바쁜 직장생활 하면서 휴일이면 동아리 선배, 후배들과 야외스케치를 떠나곤 했다.

그림에 문외한 나도 덩달아 도시락과 간식을 준비하고 우리아이들 어렸을 때부터 유모차에 실고 매번 소풍 나가듯 따라다녔다. 아이들도 점점 커가면서 야외스케치 나가는 날을 기다리고 도화지와 크레파스를 챙기며 신이 난다.

요즘은 자녀가 음악전공, 미술전공을 하려면 부모의 여유 있는 경제력으로 꾸준한 뒷받침이 필요하다고 들었는데 조금은 이해할 것 같다.

남편은 서양화에 필요한 유화물감을 사용하는데 붓과 물감 가격이 만만치 않았다. 그 외로 갖추어야 할 것이 종류별로 다양했지만 취미로 한다는 것에 불과해 몇 가지만 준비 했는데 나는 그것도 못마땅해 하며 가끔 심통을 부렸다.

비싼 물감 자주 산다고, 붓은 왜 몇 자루씩이나 사오는지, 멋진 작품 같지 않은데 비싼 액자에 끼워 넣어야 하는지 투덜거렸던 일이 떠오른다.

재주도 없는 내가 그림에 대한 지식도 못 갖추고 품평을 했으니 돌이켜보면 얼마나 어리석은 짓이었나 싶다.

오랜 시간이 흘러 중년에 들면서 조그마한 화실을 얻어놓고 틈만 생기면 그곳에 머물러 그림에 심취해 있었다.

이젠 점점 큰 작품을 시작해 비용도 배가 들어간다며 앙탈을 부려보지만 못 들은 척 붓놀림이 빠르다.

어느 날 화실에서 미술숙제로 우리 집 풍경을 그려 갔을 때 창피했던 기억을 남편에게 털어 놓으며 해바라기 꽃을 그려 달라고 부탁을 했다.

앞마당에서 큰 키를 뽐내며 노랗게 피어있던 해바라기 꽃을 엉터리로 그렸던 것이 오랜 세월이 지났음에도 마음에 남아 있었던 이유일 게다.

해바라기 꽃에 촘촘히 박혀있는 씨앗이 둥근 원을 가득 채워 비록 가녀린 줄기에 매달려 흐느적거리지만 풍성함을 엿 볼 수 있어서 좋다.

남편은 그림에 무관심하던 마누라가 그림청탁을 해주니 흥이 나서 몇 작품을 완성해 놓고 미술 전문용어로 해설까지 해주며 친절을 베풀었다.

나는 투박한 항아리에 꺾여서 늘어진 채로 꽂아놓은 해바라기를 고향집 마당에서 보던 것과 닮아있어서 작품을 높이 인정하기 시작했고 그날부터 마누라 마음대로 그냥 무명화가라고 불러주기로 했다.

아버님은 당신아들이 그림에 집착하는 것을 알고 계시면서도 아직도 못마땅하신지 아무런 말씀이 없었다.

천식으로 오랫동안 고생하셨는데 연로하면서 악화돼 고통을 겪고 있었다. 그럴 때마다 남편이 어머님과 번갈아가며 옆에서 간호해드리고 밤새워 지켜 드렸다.

점점 건강이 위중하게 되었는데 아버님이 남편을 향해 손짓으로 가까이 오라는 시늉을 하시며 당신아들 귀에 입을 바짝 대고 "미안하다 미술을 못하게 해서 그림물감, 붓, 도화지를 최고 좋은 걸로 사주고 싶은데" 겨우 들릴 듯 말 듯 힘들게 말씀하시고 눈물을 보이셨다.

그 말씀을 꼭 아들에게 전하려고 소리 낼 기운을 마지막까지 남겨 놓기라도 한 듯 얼마 후 눈한 번 뜨지도 못한 채 아들 손을 붙잡고 세상을 뜨셨다.

남편은 그 날 "괜찮아요. 이젠 제가 제일 좋은 것으로 살 수 있어요." 라고 외쳤는데 약속을 지키려고 했는지 최신 미술용품을 모두 장만하던 날 아버지의 희미한 목소리를 떠올리며 방안가득 펼쳐놓고 붓을 잡는다.

우리 집 거실엔 마치 작은 화랑으로 변신해 그림 몇 점이 걸려있는데 '고흐의 해바라기' 보다 무명화가 남편의 해바라기는 "그림쟁이는 밥 굶어요." 아버지의 반대에 부딪혀 긴 산고를 이겨내고 탄생한 남편의 꿈을 펼쳐 일 년 내내 전시회는 멈출 줄 모른다.

역시 타고난 소질을 이끌어 주려면 여유 있는 뒷받침이 필요하다는 것도 알게 되었고 묵묵히 부모님의 뜻에 따라 잠시 접어두었던 꿈을 좇아 멈추지 않고 끄집어낼 줄 아는 기다림의 소중함과 도전하면 이루어진다는 진리도 깨달았다.

훗날 세월 속에 갇혀있던 이야기들을 엮어 출간하게 된다면 남편의 손길이 닿은 해바라기 작품을 표지 위에 올리겠다고 정중하게 승낙을 받을 셈이다.

그래도 화구를 둘러메고 아이들과 야외 스케치 떠나던 분주한 그날의 아침풍경이 행복으로 남아있다.

지금은 물감과 붓이 말라버린 채로 주인을 찾고 있다.

되돌아온 세월

얼마 전에 우리 집으로 이사 온 잉꼬 한 쌍이 입맞춤을 하며 졸고 있다. 떨어질 줄 모르고 오랫동안 사랑을 하는 모습에 방해꾼으로 나서고 싶을 정도로 다정해 보였다.

밖에서는 소리 없이 가랑비가 내리고 슬슬 무료해지기 시작했다. 이런 날 장롱정리와 서랍정리를 하기로 했다. 몇 십 년 동안 보관하던 물건들을 꺼내보니 남편과 결혼할 때 받았던 사주가 적혀 있는 봉투도 발견되고 특히 눈에 띄는 것은 편지 뭉치였다.

남편과 교제할 때 서로 주고받던 편지가 누렇게 빛바랜 채 장롱 깊숙이 갇혀있었다. 그 시절로 되돌아간 듯 설레는 마음으로 한 장한 장 읽어 보았다. 장롱정리 서랍정리는 뒷전으로 미루고 몇 장을 읽어 내려가고 있는데 나를 멈추게 하는 곳이 있었다. "우리는 바다 한가운데 떠있는 배와 같아요. 목적지가 보이지 않는 망망대해를 항해해야 되지요. 도중엔 거친 파도와 싸워야하고 폭풍우를 만나기도 합니다. 우리가 앞으로 이러한 것들을 이겨내야 한다는." 남편이 내게 보낸 편지에서 발견했다. 이 글을 읽는 순간 우리가 결혼해서 살아온 세월을 모두 말해주는 듯했고 일찍부터 예상을 했었던 것 같다.

신혼시절 낯선 환경에 적응하기 힘들어 투정부렸던 기억들이 마구 밀려왔다. 꺾일 줄 모르던 알량한 자존심에 핑크빛 꿈이 사라질까봐 초조해하던 지난 일들이 떠올랐다. 이때부터 보이지 않는 항해가 시작된 것을 지금에서야 알 것 같아 살짝 웃음이 났다.

돌이켜보면 결혼생활을 하면서 성난 파도와 폭풍우는 아니었지만 슬기롭게 헤쳐 나가야 할 일들이 많았던 것 같다.

제일 먼저 찾아온 것은 온종일 무료하게 남편 퇴근시간만 기다렸던 내 자신을 잘 이겨내지 못해 자주 토라지던 기억이 났다. 아이들이 태어나면서 느긋함과 배려할 줄 아는 마음을 배우게 된 것이다.

점점 아이들이 자라면서 교육문제로 멀미를 나게 했다. 올바른 길을 비켜가려는 아들 녀석은 거친 파도에 뛰어들어 구조해 줄 수 없을만큼 나를 힘들게 했다.

우리집에 출렁이는 파도가 잔잔하기만을 기다렸지만 남편의 건강에 적신호가 왔다. 젊은 패기로 건강에 소홀한 탓인지 바쁜 직장생활로 늦은 귀가에 자신도 모르게 성인병을 얻게 된 것이다. 매일 약을 복용하며 앞으로도 음식조절과 운동으로 혈당관리를 꾸준히 하지 않으면 합병증이 올 수 있으니 조심하라는 의사의 소견이 나왔다.

결혼 초 왜소한 체구였는데 직장에 다니며 잘 마시지도, 좋아하지도 않는 술을 먹게 돼 갑자기 체중이 불면서 나타난 일이다. 어느 날 동창회 모임을 다녀오더니 친구들이 몰라보며 이름을 확인했다고 한다. 워낙 체중이 불어나서 몸무게가 팔십키로그램을 훌쩍 넘었으니 말이다.

아침에 출근할 때 엎드려 구두 신는 것도 불편할 만큼 살이 쪘으니 그 틈을 당뇨라는 불청객이 차지하게 된 것이다.

파도는 쉽게 제자리로 물러나지 않아 몇 년 전에 내가 만난 폭풍우는 남편이 만난 불청객보다 더 절망적이고 무섭게 찾아왔다.

반갑지 않은 종양이 발견돼 서울로 올라가 대수술을 받고 병원 입원실에 눕게 되었을 때는 겁나고 고통스러웠다. 병원에 있는 동안 나 혼자만이 바다 한가운데 표류되어 있는 것처럼 공포에 시달리게 했다. 이런 나를 남편이 바람막이가 되어서 구조해줬다. 내 마음 속 깊이 박혀있던 절망감을 씻어낼 수 있는 용기를 주었고 생동감을 일으켜 주었다.

남편의 편지글처럼 싸워서 잘 이겨내야 한다는 말이 마음에 와 닿았다. 나를 지칠대로 흔들어 놓고 지나가버린 폭풍우는 다시는 만나고 싶지 않은데 아직도 아들녀석이 파도 속에 휘말려 허우적거리고 있다. 더 큰 폭풍우를 만날까봐 나는 늘 불안하다.

빨리 허황된 꿈을 버리고 바른길을 선택했으면 좋겠다. 올 여름 휴가는 동해바다로 가고 싶다. 하얀 물거품을 일으키고 오랜 세월 닳고 닳았으면서도 여전히 새것으로 남아 내가 오기만을 기다리고 있을 것 같다. 짜디짠 바닷물에 내 황폐된 마음을 던져버리고 잠시라도 바다와 한마음이 돼보고 싶다. 동해바다 반대편에 있는 설악산의 웅장한 모습이 버티고 서서 거친 파도와 폭풍우를 막아주며 나를 지켜줄 것 같은 예감이 든다.

나이 탓일까? 우리네 삶이 순백의 웨딩드레스처럼 곱고 아름답게만 펼쳐나가기가 버겁게만 여겨진다.

언제쯤 잔잔한 바다 위에서 평화롭게 나의 모습을 보게 될지 그 날이 기다려진다.

빈집

며칠 전 거실에 들여놓은 난의 꽃향기가 집안 가득히 배어있는 이른 아침이다. 올해 구순이 되신 어머니께서 어지럼증이 심해 큰 오빠네 집에 와 계신다는 연락이 왔다. 몇 년 전 아버지가 먼저 떠나신 후 시골에 혼자 남아 지내시기를 고집하시더니 건강이 좋지 않아 본인 의사와 상관없이 시골집을 비워놓고 떠나오게 된 것이다. 서둘러서 팥과 은행을 넣고 노란 빛을 띤 호박죽을 만들어 찾아갔다.

"엄마!" 부르며 들어가니 모두 직장에 나가고 아무도 없는 아파트에 혼자 앉아 계시는 모습은 한없이 약해 보였다. 딸의 손을 꼭 잡으시며 너무도 반가워하시는 엄마의 푸근한 정은 변함이 없다. 따끈한 죽을 맛나게 드신 후 오늘은 네가 와줘서 지루하지 않겠다며 얼굴에 환한 웃음이 번진다. "엄마가 이렇게 와 계시니 시골집이 비워있어서 어떻게 해요?" 했더니 집은 오래 비워놓으며 안된다며 건강이 조금이라도 좋아지면 빨리 가고 싶다고 보채신다.

아파트 생활이 답답하고 싫다며 참는 모습이 힘들어 보였다.

그 시절에 우리 동네에서 제일 크고 빨간 함석지붕의 멋집 집이라고 주위에서 부러워했던 기억이 새롭게 떠올랐다. 지금은 양옥집에 밀려나 평범한 한옥집이 되었지만 변함없이 튼튼한 대들보를 중심으로 긴 세월의 흔적을 자랑삼아 꿋꿋이 버티고 서 있는 빨간 함석집은 많은 추억을 끌어안고 있다.

아버지가 만들어 놓은 집 뒤의 높은 돌계단을 밟고 올라가면 대나무 숲이 있고 그 앞에 어머니가 소중히 여기는 장독대엔 크고 작은 고추장, 된장, 양념 항아리들이 옹기종기 놓여있다.

친구들 불러모아 장독대에 빙 둘러앉아 떨어진 노란 감꽃을 실에 꿰어 목걸이 만들고 흙으로 밥 짓고 잡초 풀로 반찬 만들어 근사하게 한 상 차려놓고 나무 꺾어 만든 젓가락으로 밥 먹는 흉내를 내며 소꿉놀이에 푹 빠지다가 따끈따끈한 햇빛을 받으면 꾸벅꾸벅 졸기도 했던 기억은 지금 생각해도 웃음이 절로 난다.

큰 방 벽에 붙어있는 미닫이문을 열면 벽장이라는 곳이 있다. 언제나 그곳은 우리를 궁금하게 했고 요술쟁이처럼 보였다. 부모님이 집을 비울 때 호기심에 몰래 열어보면 장날 사다 감추어 놓았는지 사탕도 있고 낡은 엄마 돈지갑도 있고 군대 간 오빠 편지도 소중히 보관되어 있었다.

명절이 다가올 때는 설빔으로 우리들에게 입혀줄 새 옷과 신발도 꼭꼭 숨겨 놓았던 그 벽장은 지금 무엇으로 가득 채워져 있을까? 가끔 또 궁금해진다.

우체국 배달부 아저씨만 오면 반갑게 뛰어나가 군대 간 오빠가 보낸 편지를 받아들고 어데론가 급히 숨곤 해서 살금살금 뒤따라가 몰래 훔쳐보면 아무도 없는 뒤뜰에 앉아서 편지를 읽고 또 읽으며 품에 넣어 끌어안고 눈물 흘리시던 어머니가 지금은 건강을 잃고 오빠네 집에 오셔서 하루하루 허약해지는 모습으로 지내고 계신다.

우리 오남매가 성장해서 차례차례 시집장가 가던 날 빨간 함석지붕 앞마당엔 푸짐한 잔칫상을 차려놓고 손님맞이에 분주하던 부모님 얼굴엔 기쁨이 넘쳤었는데 지금은 모두 떠나고 덩그러니 찬바람 맞으며 우뚝 서있는 시골집은 주인이 오기만을 기다리고 있다.

건너방엔 우리들이 쓰다버린 물건들 학교 교과서, 체육복, 책가방들이 낡아서 누렇게 색 바랜 대로 여기저기 널부러져 있고 사랑채는 방은 헛간처럼 변해버렸고 농기구 몇 개만 대롱대롱 벽에 매달려 있다.

가을이면 벼를 수확해서 넘치도록 채워두던 곳간도 텅 비어있어 가난에 허덕이며 구걸하는 형상을 하고 있었고 가축을 기르던 돼지움막은 돌돌 말아놓은 멍석, 부서진 의자, 마치 고물상을 연상케 했다.

가끔 빈집을 둘러보러 가면 옆방에 안전하게 자리잡고 있는 재봉틀을 볼 수 있는데 내가 어릴적 어머니가 아주 큰 맘 먹고 장만한 것으로 알고 있다. 밤늦도록 재봉틀 앞에 앉아 드르륵 소리를 내며 가족들 옷을 만들던 모습이 지금도 생생하게 떠오른다.

꽃무늬 천으로 원피스도 만들어 주셨고 가을운동회 날 입고 갈 검은색 팬츠도 뚝딱 몇 개를 만드셨다.

근사한 원피스를 입고 학교에 가는 날에 주위에서 예쁘다고 부러워하기도 했었는데 이젠 엄마도 늙고 재봉틀도 낡아 추억으로만 간직하게 되었다.

그래도 다른 물건들은 빈집에서 아무렇게나 흩어져 있는데 어머니가 아끼던 재봉틀은 옆방에 고이 모셔져 있는 걸 보니 엄마는 아직도 재봉틀을 귀하게만 여기고 있다는 것을 알아차릴 수 있었다.

생전에 아버지가 아끼던 자전거와 리어카는 녹물이 군데군데 배어나온 채로 헛간에서 기약없이 쉬고 있었다.

따뜻한 봄날 산과 들에 새싹이 돋아나듯 어머니가 건강을 회복하셔서 아끼던 장독대를 돌보기 위해 뒤뜰에 돌계단을 다시 밟을 수 있는 힘이 솟아나시기를 바라는 마음 간절하다. 그리고 재봉틀 돌아가는 드르륵 소리를 빈집에서 듣게 된다면 유년 시절로 되돌아가보고 싶다.

빨간 함석집이 주인을 잃지 않도록 오래오래 지켜주셨으면 하는 바람으로….

만학의 꿈

아파트 화단 잔디엔 아직 겨울의 잔설이 남아있는 이른 아침이다. 나는 서울행 버스를 타기 위해 급하게 뛰었다. 표를 예매하지 않아서 가까스로 시간을 맞추어 맨 뒷좌석의 빈자리 하나를 겨우 차지하게 되었다. 버스가 출발하자 곧 승객들은 의자를 뒤로 밀고 편안한 자세로 기대어 눈을 감고 휴식에 들어가는 듯했다.

'저 사람들은 무슨 이유로 새벽차에 올랐을까?'

궁금하면서 그래도 나만큼 절박한 심정은 아니겠지.

사실 난 몇 년 전에 간에 종양이 발견돼 큰 수술을 했었다. 그동안 몇 개월에 한번씩 정기검진을 받아왔지만 오늘은 최종 검사결과를 확인하러 가기 위해 차에 오른 것이다. 만약에 나쁜 결과가 나올 것에 대비해 주부의 손길이 닿아야 할 곳을 찾아 며칠 전부터 옷장도 정리해놓고, 부엌의 싱크대도 깨끗이 닦고 목욕탕도 반짝 윤나게 정돈해 놓았다. 나의 빈자리가 흉이 되는 것이 싫어서 그렇게 살펴두고 싶었던 것이다. 혹시라도 안 좋은 결과가 나온다면 그냥 모든 것을 여기서 멈추고 포기하자고 내 자신에게 물어보았지만 풀리지 않는 어려운 문제로 남았다. 이런 어리석은 마음을 남편에게 들키고 싶지 않아 애써 밝은 표정으로 "다녀올게요." 하고 집을 나섰지만 한없이 마음이 약해진다.

지그시 눈을 감고 잠을 청해 보았지만 불안하기만 했다. 차창 커튼을 젖히니 들판엔 겨우내 얼었던 땅이 풀리면서 씨앗 뿌릴 준비에 밭이랑을 고르고 있는 농부의 힘찬 모습이 나를 위로하는 듯 했다. 버스는 어느새 한강변을 지나고 있었다. 버드나무가지는 새순이 올라와 연녹색으로 색칠해 놓은 듯 강가에 길게 늘어져 있었다. 서울은 올 때마다 익숙하지 않은 곳으로 복잡하게만 여겨진다. 두 번씩 지하철을 갈아타고 병원에 도착하니 전국에서 몰려 든 환자들로 북적거렸다. 나도 그 틈에 끼어 차례를 기다리는데 입술이 바싹바싹 마르며 수험생처럼 떨리고 긴장이 된다. 한참이 지나서야 간호사가 이름을 불러 따라 들어가니 의사 선생님은,

"얼굴 혈색이 좋아 보이네요. 새벽차로 올라왔어요?"

하며 반갑게 웃는 얼굴로 맞이해주면서 우선 환자를 편안하게 안심시켜 주었다. 삼년이 지난 지금, 컴퓨터에 저장되어 있는 내 진료수술 기록을 사진으로 보며,

"야! 인간의 몸이 이렇게 신비하단 말이야. 이것 보세요, 여기저기."

일일이 손으로 짚어가며 설명을 해주셨다. 아주 좋은 결과라며 앞으로는 관리 잘 하면서 병원에 오지 않아도 되겠다고 했다. 그 순간 뛸듯이 기뻤고 울컥 눈물이 쏟아질 것 같아 간신히 참아 넘겼다. 몇 번이고 감사하다는 인사를 하고 밖으로 나와보니 서울에 살고 있는 딸이 기다리고 있었다. 남편에게 제일 먼저 전화를 했다.

"결과가 좋아요. 이젠 병원 졸업했어요."

했더니 아주 잘됐다며 딸과 함께 좋은 시간 보내고 천천히 내려오라고 했다.

병원 바로 옆 딸의 모교 대학캠퍼스를 찾아갔다. 꿈과 희망이 가득한 그곳에서 젊은이들 틈에 끼어 숲길을 따라 오랜만에 딸의 손을 잡고 산책을 하며 마냥 행복했다. 그 순간 미루었던 공부를 다시 해보고 싶다는 생각이 다가왔지만

'쉰을 넘은 내 나이에 어떻게…'

하며 얼른 마음을 감추어 버렸다. 딸의 배웅을 받으며 운동선수가 금메달을 따낸 것처럼 씩씩한 발걸음으로 대전에 도착하니 남

편이 정류장까지 마중을 나와 있었다.

내가 건강을 잃고 절망에 빠져 허우적거릴 때 많은 사람들의 도움도 있었지만 누구보다도 남편은 용기와 희망으로 나를 일으켜 주었다.

그날 밤 집에 돌아온 나에게 남편은 또 큰 꿈을 불어넣어 주었다. 이젠 건강도 회복했으니 당신이 하고 싶어 했던 공부를 시작해 보라며 '방송통신대학교'를 추천해 주었다. 그 말을 듣는 순간 내 마음을 훔쳐본 것 같아 부끄러웠다.

"글쎄요. 나이도 많고 여러가지로 자신이 없네요."

했더니 남편은 내게 든든한 버팀목이 되며 후원을 아끼지 않을 테니 걱정 말고 시작해보라 했다.

며칠 고민을 하다 대학에 직접 찾아가서 원서를 접수하고 돌아오는데 콩당콩당 가슴이 두근거렸다. 얼마 후 합격을 확인한 날엔 잠도 못 이루며 뒤척였다.

'늦은 나이에 어려운 학문을 해낼 수 있을까?'

특히 컴퓨터에 대한 부담이 가장 컸다. 워드에도 자신이 없었고 대학에 들어가면 컴퓨터로 해야 할 것이 많다는 것을 알고 있던 터라 걱정이 앞서기 시작했다.

남편은 학용품과 책꽂이까지 구입해 왔다. 모든 준비를 마치고 드디어 입학식 날이 다가왔다. 혼자 가겠다는 내 의사와는 상관없이 남편은 같이 가겠다며 따라 나섰다. 지난 날 학창시절, 지금은 고인이 되신 아버지와 함께 입학식장에 갔던 생각이 떠올랐다. 내 곁을 떠나신 아버지의 빈자리를 남편이 채워주니 찡한 마음에 아버지에 대한 그리움이 밀려왔다.

쉰을 넘은 내모습을 조금이라도 감추고 싶어, 청바지를 입고, 운동화를 신고, 젊어 보이려고 애써 포장을 했다. 학교 입구에 들어서니 선배님들이 학과별로 뜨거운 차까지 대접해주며 친절히 맞이해주어 놀랐다. 오리엔테이션 행사에 교수님의 말씀 중엔 이제부터 여러분들은 학생신분으로 열심히 공부에 전념해야 한다고 했다. 그 순간 다시 긴장되고 겁이 났다. 또 한 분 교수님이 나오시더니,

"제발 컴퓨터 좀 무서워하지 말고 고장 잘 안 나니까 마음대로 이것저것 눌러보며 사용해 보세요."

라는 위트에 모두들 큰 소리로 웃었다.

이렇게 나의 늦깍이 대학생활은 어설프게 시작되었다. 무엇부터 해나가야 할지 암담했다. 우선 컴퓨터를 익혀나가기로 하고 남편과 아들에게 학습에 필요한 것부터 차근차근 배워나갔다. 더듬거리는 엄마를 답답해하면서도 끝까지 잘 알려주는 아들이 고마웠다. 모르던 것을 알아가는 재미에 컴퓨터 앞에 앉아있는 시간이 점점 길어지게 되었다. 그리고 매주 화요일마다 스터디그룹에 나

가 학우들을 만났고, 가끔 국문과 선배님들이 찾아와 공부하는 방법과 궁금한 것을 친절히 가르쳐 주어서 많은 도움이 됐다.

삼월은 거의 컴퓨터 앞에 앉아 교수님들의 강의를 한 자라도 놓칠세라 열심히 받아 적으며 지루함도 모르고 공부에 푹 빠져버렸다. 특히 점심시간엔 학우들과 서서히 어색함을 떨치고 연령에 상관없이 어울려 학교 앞에서 맛난 식사를 하는 시간은 또 다른 즐거움이었다.

건강을 완전히 되찾았다고 믿었는데 나이 탓인지 나는 3일째 수업을 마치고 집에 돌아와 끙끙 앓기 시작했다. 병원에 갔더니 목이 심하게 부었다며 무조건 쉬어야한다고 했다. 이때, 다시 마음이 어수선해지기 시작했는데 젊은 학우들이 "저희가 서로 도울게요. 힘내시고 건강하세요." 하며 전화가 여러 번 왔다. 이런 위로를 받고나니 한결 마음이 편안해지면서 곧 회복이 되었다.

들과 산에 울긋불긋 꽃들이 놀러 오라 손짓 했지만 공부를 시작하고 부터는 모든 유혹을 뿌리쳐야만 했다. 오전엔 살림하고, 시장도 보아야하고, 시간에 늘 쫓기며 지냈다. 지난 봄 같았으면 친구들과 어울려 벚꽃길 따라 드라이브도 몇 차례 했을 것이고, 풍경 근사한 곳에 자리 잡은 찻집에 앉아 흘러가는 세월만 탓하며 시간을 허비하고 있었을 것이다.

드디어 대학에 들어와 처음 치르는 중간고사 시험은 긴장되고 나를 주눅들게 했다. 나이 탓에 학습에 뒤쳐진다는 소리를 들을까 봐 잠자는 시간도 줄여가며 시험준비를 단단히 했지만 역시 시험은 곧 점수와 연관되어서인지 마음 졸이게 했다. 여기저기서 벌써 답안지를 내고 밖으로 나가는 학우들의 발자국 소리가 불안해온다. 밖에서 기다리는 스터디 멤버들에게 미안하기도 해서 곧 답안지를 제출하고 얼굴이 화끈 달아오름을 느끼면서 밖으로 나왔다. 학우들이,

"언니, 괜찮으세요?"

하며 모여들었다.

학교 앞 분식집에 모여 앉아 시험보고 난 뒷얘기들을 나누면서 긴장을 풀었다. 조금은 홀가분한 마음이 되어 밖으로 나오니 남편이 차에서 기다리고 있었다. 나의 보호자 역할을 톡톡히 해내고 있는 것이다. 집에 도착할 때까지 딸과 아버지가 대화하듯이 아직도 시험에서 헤어나지 못한 채 짜증과 푸념을 늘어놓았다. 남편은 빙그레 웃으며 그 나이에 잘 해냈다며 푹 쉬라고 했다.

아파트 담장 위를 수놓은 장미꽃은 향기를 뿜어내며 내 발걸음을 멈추게 했고 오랜만에 그 길을 따라 떨어진 꽃잎을 밟으며 산책을 했더니 시험으로 답답했던 마음이 거울같이 맑아지는 듯했다.

아직 기말시험이 남아있지만 중간고사를 치르고 나니 성취감이 솟아난다. 매주 화요일마다 큰 가방을 메고 아파트 엘리베이터를

타면 이웃 분들이 어디 가는지 궁금해 하기에 스터디그룹에 공부하러 간다고 했더니 깜짝 놀라면서 내 열정을 부러워했다. 처음엔 방송통신대에 입학했다는 말이 나오지 않아 쭈빗거리기만 했는데 교수님들의 강의를 듣고나니 자신감이 팽팽해져 나를 드러내놓고 싶어졌다.

"네 도전이 부럽구나. 늦게 시작한 용기만큼 너는 잘 해낼 거야. 작은 것이라서 부끄럽구나. 내 성의이니 책 사보는데 도움이 됐으면 한다."

라는 짧은 글과 함께 축하금이라며 돈을 건네 준 여고 친구의 편지를 받았다. 친구의 편지 글을 손에 들고 감동을 추스르지 못해 두근거리는 마음을 진정시키느라 힘들었다. 내가 수술을 받고 건강을 잃고 입맛도 잃어 비실대며 지쳐 누워만 있을 때 음식을 골고루 만들어 왔고, 목욕도 시켜주었던 고마운 친구다. 이 친구의 응원을 소중히 간직하며 지혜로운 여인으로 소박한 꿈을 이루기 위해 열심히 공부할 것이다.

늦은 나이에 공부를 한다니 도움을 많이 받게 된다. 서울에서 직장에 다니는 딸이 국어사전과 학습에 필요한 것들을 골고루 구입해서 택배로 보내주었다. 든든한 지원군이 되어준 딸의 응원을 받으며 주눅들지 않기로 했다.

나이 들어 책을 보려니 눈이 말썽을 부려 여간 불편한 게 아니다. 돋보기를 쓰고 밤늦게까지 책상 앞에 앉아서 시험공부를 할 때면 어지럽기도 여러 번. 자신과 투쟁을 벌이며 학문을 알아가고 있는 시간이 마냥 행복하다.

지난 날, 건강을 잃고 마음마저 앓아누울 뻔했던 어둡고 긴 터널을 뚫고 나와 내가 원하는 삶을 찾을 수 있게 도와준 가족들에게 감사한다. 특히 늦게 시작한 공부에 흥미를 잃지 않도록 보호자 역할을 해준 남편에 대한 고마움은 이루 다 형용할 수 없을 만큼 크다. 젊음을 떠나보낸 나이에 남아있는 인생을 평온한 초록빛으로 물들이면서 학문의 길을 찾아갈 수 있도록 열정을 안겨준 방송통신대학교. 그 안에서 새로운 출발을 약속하며 지혜로운 멋진 여인으로 거듭나고 싶다.

스마트폰

가족들은 요즘 나에게 스마트폰으로 바꾸라며 귀찮게 한다.

새로운 것에 미리 겁부터 나며 배우기 어렵고 복잡하다는 핑계로 여러번 거절을 했는데 여고 동창모임에 다녀온 뒤 바꿔야겠다고 마음을 굳히게 되었다.

친구들은 약속이라도 된 것처럼 만나자마자 스마트폰을 꺼내놓고 서로 사진을 보여주면서 카카오톡이라는 이름도 생소한 것들을 저희끼리 주고받으며 신이 났다. 나는 그런 모습을 멍하니 쳐다보면서 낯선 곳에 온 듯 소외감을 갖게 되었다.

집에 돌아와 남편한테 그 상황을 말해주었더니 "그것 봐, 현실에 맞게 적응 좀 하라니까." 하는 것이다. 이 말을 듣고 나니 스마트폰이 어떤 요술을 부리는지 슬슬 궁금해졌다.

물론 그전에 들어본 말에 의하면 사진 보내기, 통화나 문자가 무료라는 것에 유혹을 느끼기도 했지만 자세한 것을 더 알아보려고 남편의 안내로 통신사 대리점을 찾아갔다.

사실 주부인 나는 용건 있을 때 전화 걸고 오는 것만 받으면 그뿐인데 굳이 스마트폰으로 교체를 해야 하는지 지금 사용하는 전화기가 고장난 것도 아닌데 하는 생각에 판매점에서 또 잠시 혼란스러웠다.

끝내는 타의 반 자의 반으로 요즘 새로나온 모델로 결정을 하고 말았지만 새로운 매체나 전자기기에 민감한 청소년들처럼 빠르게 익히지 못해 둔한 감각 때문에 한동안은 어리둥절 허둥대며 실수를 반복했다.

스마트폰이 등장한 지는 2년 정도가 되었다는데 개방적 사고를 지닌 젊은 층을 중심으로 빠르게 확산되면서 대화의 수단이 되고 문화의 매체로서 우뚝 솟은 것 같다. 스마트폰이 없으면 대화에 끼지 못해 시대에 뒤떨어진 사람으로 이방인 취급을 당하기도 하는 문화적 소통을 중시하는 우리의 현실을 알 수 있다.

남들이 한다고 따라하고 싶지 않아 괜한 고집과 자존심으로 오히려 거부하고 무관심하게 꿋꿋이 견디어 왔었는데 나도 문화적 유혹에 휩쓸리고 말았다.

가끔 대중교통 버스나 지하철을 타면 사람들은 대부분 고개를 숙이고 스마트폰을 보며 시간을 보낸다. 책이나 신문을 읽거나 창밖의 풍경을 보며 무언가를 생각하던 예전의 모습과는 사뭇 다르다.

바쁜 일상 속에서 버스나 기차를 타고 갈 때면 잠깐씩 휴식을 취하는 고마운 기회를 갖곤 했었는데 스마트폰은 그 기회를 빼앗아 사색할 여유도 내주지 않는다.

스마트폰으로 개통하자마자 내 전화번호를 알고 있는 친지들과 친구 그 외분들이 "드디어 입성하셨군요. 축하합니다." 라는 문구가 연속으로 전달되었다. 아참! 별일이야, 이런 것도 축하받을 일이었던가? 혼자 중얼중얼 거렸더니 이제야 문화적 놀이 향유의 매체에 합류된 것이라고 옆에서 가족들은 그들을 훈수까지 하며 거들었다.

손가락으로 터치 한번 실수하게 되면 엉뚱한데서 혹시 전화하셨냐는 연락을 받게 되는 날엔 당황스럽고 민망해진다. 이럴 때마다 전에 사용하던 전화기가 더 편하게만 여겨진다며 나는 또 투덜거린다.

길거리를 지날 때면 각 회사 판매점마다 스마트폰 광고에 열띠고 있는 모습을 쉽게 볼 수가 있는데 글써 크게 나오는 신제품이 출시되었다고 구경하고 가라며 조금은 짜증나기도 할 만큼 집요하게 따라붙는 직원도 있었다. 나이 드신 분들을 겨냥해서 그런 제품을 개발했다며 알아듣기도 어려운 용어로 열심히 설명을 하는 것이다.

얼마 전에 잘 알고 지내던 어린이 영어학원에 갈 일이 있었는데 수업하러 오는 아이들 목에 핸드폰이 걸려있는 모습을 발견하고 나는 약간 놀라기도 했다. 쉬는 시간에는 게임에 몰두하고 여기저기에서 삥삥 이상한 소리가 들려왔다.

서로 자랑이라도 하듯 어떤 스마트폰인지 기능을 비교해보며 손가락을 빠르게 움직이면서 신이 나 있는 모습에서 개방적 태도와 현대적 감각을 엿볼 수 있었지만 알 수 없는 씁스레한 여운이 함께 따라붙었다.

요즘은 친구끼리도 전할 말이 있으면 문자나 사진으로 주고받으며 밖에서도 메일을 확인하고 모든 소통을 스마트폰이 대신해주고 있다고 보면 될 것 같다.

나도 스마트폰 이것저것 눌러보며 기능을 익히고 나니 긴 시간을 마술에 걸려 헤어나지 못할 때가 있다. 특히 카카오톡이라는 것은 서로 이야기하다, 말하다, 의논하다는 뜻이라고 하는데 각자의 생활 철학이라든가 소중한 사진을 올려놓고 자신을 드러내 보이게 되는데 개성이 넘쳐나는 것을 엿보는 재미도 쏠쏠하다. 글귀도 다양하게 어떤 친구는 고사성어를 올려놓았고 여고친구는 가족사진을 올려놓고 나이 탓을 곁들인 것을 보니 그 시간을 그리워하고 있었다.

그 대열에 끼고 싶어 며칠 전에 부부가 함께 한 사진을 올렸더니 자식들이 엄마 이젠 스마트폰 완전 잘하시네요. 바탕에 사진까지 올리시는 것도 하실 줄 알고요. 하는 응원의 메시지가 카톡으로 전해왔다.

같은 통신회사 스마트폰끼리는 무제한 무료문자와 통화가 무료라는 달콤함에 가족, 친구들의 안부도 자주 전하게 되고 식탁에 별미음식을 차리는 날엔 여지없이 스마트폰으로 찰칵 찍어 친구들과 공유하기도 한다. 오늘은 배추겉절이를 예쁜 접시에 푸짐하게 담아 친구들에게 카톡으로 보냈더니 입맛당긴다며 우리 집에 쳐들어온다고 한다.

스마트폰의 마력에 나만의 시간을 빼앗기게 되는 것이 흠이다. 가끔은 사색을 하며 생각을 정리도 하고 마음을 가다듬기도 해야 하는데 늘 내 손에서 아니면 내 옆에서 외출할 때도 가방 속에 들어와 나를 따라다니며 신호를 보낸다.

스마트폰은 현재를 내다볼 수 있는 소통의 전자기기이기도 하지만 이따금씩 자신과 인생을 들여다보는 사색할 수 있는 시간의 방해꾼이기도 한다.

지금도 내 옆에서 자꾸만 신호를 보낸다.

주말부부

유년시절 안방 벽에는 한 장씩 떼어내는 달력이 걸려 있었다. 얇은 종잇장이라 다음날이 비치며 보이기도 했다. 토요일을 기다리며 미리 뜯어버리는 습관도 생겼었다.

나는 다시 그 시절로 되돌아간 듯 요즘에 토요일을 기다리며 달력을 자주 바라보게 된다. 부부로 삼십여 년을 살았지만 직장관계로 떨어져 지내며 주말에만 만나는 흔히 말하는 "주말부부"로 살게 된 것이 이유일 게다.

아버지가 늘 하시던 말씀이 떠오른다. "언제가 반공일(토요일)이냐?"고 물으시고는 그날은 일찍 학교에서 돌아와 집안일을 돕기를 청하시곤 했던 기억이 새롭기만 하다.

나는 시골에서 도시에 있는 여학교로 유학을 와서 하숙생활을 하게 되었는데 토요일이 없었다면 견디어내기 어려웠을 게다.

닷새동안 혼자 낯선 곳에서 갇혀 생활하다 토요일만 되면 자유를 얻은 듯 고향집으로 달려가곤 했었다. 다시 하숙집으로 돌아갈 때면 허전함에 그 후 나는 토요일을 기다리는 버릇을 못 버리게 되었다.

요즘 주말은 남편 마중 나가는 것으로 시작한다. 고속버스에서 내리면 곧바로 픽업하여 집으로 돌아와 한 주간의 밀린 대화를 나누며 식사를 하고 세탁할 옷 보따리를 풀어 놓는다.

건설회사에서 근무하는 남편은 강원도, 경기도, 이번엔 전라도에서 건축 감리를 맡게 된 것이다. 남자 혼자 집 떨어져 지내게 되니 제일 중요한 식생활이 늘 걱정이다. 특히 강원도 군부대 공사를 맡았을 때는 오지였기 때문에 겨울엔 더 춥고 식사할 곳도 마땅치 않아 마음고생이 컸다.

문화적인 여유를 누리지도 못하고 오직 직장 일에만 충실한 모습을 볼 때엔 벌어다 주는 돈을 쓰는 것이 미안하기만 하다. 그가 취미로 오랫동안 해오던 유화그림그리기를 중단했을 때는 가슴이 짠하기만 했다. 이럴 땐 나도 돈을 벌고 싶다는 생각에 복부인들의 수완이 부러울 뿐이다.

짧은 주말을 어떻게 즐길 것인가? 머리 맞대고 의논을 하지만 요즘 젊은이들처럼 근사한 카페도, 영화관도, 음식점도 찾아 나서지 못하고 있다.

기껏 텃밭에 나가 부추 밭 잡초 뽑아주고 가지랑 고추 따와 구수한 된장 보글보글 끓여 토속의 맛에 여유를 찾는다. 그래도 이번 여름엔 워낙 더워 저녁먹고 동네 한 바퀴 돌면서 팥빙수를 시켜놓고 그 앞에서 머리 맞대고 앉아 아주 소박한 행복으로 흡족해 했다.

나는 주말이 바쁘다. 남편이 일주일 동안 모아온 옷가지를 세탁하고 삶아 햇살에 널어 꼬실꼬실 정갈하게 개켜서 가방에 넣고 밑반찬 몇가지 만들며 간식 챙기느라 부지런을 떨어야하는 일이, 벌써 오래 해오던 것인데 늘 허둥댄다.

평생 시골에서만 살아오신 어머니는 객지에 나가있던 자식들이 주말이나 방학때 집에 오는 날엔 동네 어귀에 가물가물 자식의 모습이 보이게 되면 급히 아궁이에 불부터 지피시고 따끈한 밥상을 내오는 것이 유일한 사랑과 반가움의 표현이셨다. 시골에서 대접할 것이 귀한 시절에 누구든지 내 집에 오는 사람에겐 밥을 먹여 보내야한다고 강조하셨던 기억이 난다.

나는 살면서 그런 어머니를 닮아가듯 주말이면 객지에서 돌아오는 남편을 위해 건강을 지탱해 나갈 수 있는 밥상을 차리느라 분주해진다. 지금은 뒤바뀐 역할을 수행하며 어머니의 마음을 알아가는 것 같다.

쉽게 자가용으로 주말을 다녀갈 수 있으련만 기름 값, 통행료 계산하고 꼭 대중교통을 이용하고 있는 남편의 알뜰함에 놀랍기도 하지만 짐보따리가 울룩불룩 부풀려 흉하게 보일 때는 안쓰럽게 여겨진다.

떨어져 지내다보니 밤이면 서로의 안부를 묻고 아주 간결하게 집에 별일 없는지? 밥 잘 챙겨 먹고, 문단속 하고 잘 자. 매일 주고받는 그 몇 마디에 안심하고 그의 무사함을 알림에 편히 잠을 청할 수 있다.

월요일 아침! 새벽 첫 차를 타러 나가는 여섯시는 고요한데 가로등이 밝혀주는 길 따라 남편을 간이 고속버스 터미널에 내려놓는다.

돌아오는 순간은 짠함도 잠깐 나에게는 언제나 다음 토요일 주말이 새롭게 기다려진다.

가을이 깊어가고 있다. 내일 집에 갈게. 그가 온다는 말을 할 때 가슴이 콩닥거린다. 맛난 밥상을 차리기 위해 장 봐야 할 것들을 떠올리며 소풍 앞둔 아이가 되어 설레인다.

올 겨울은 그리움이 존재한다는 것에 훈훈하게 보낼 것 같다.

딸의 선물

도시토박이 남편은 늘 전원생활을 꿈꾸며 아파트베란다에 여러 화초들과 분재를 가꾸며 답답해 끙끙 앓아왔다. 이런 마음을 알아차린 친구 분이 고향에 있는 텃밭을 선뜻 내주었다. 짧은 시간에 쉽게 갈 수 있는 곳이며 소나무로 에워싸고 있는 조용한 마을이다.

친구 분 조상님들이 대대로 사셨다는 큰 고택은 우리를 주눅들게 했고 나무대문을 열고 들어가니 넓은 마당엔 절구통, 다듬잇돌, 소여물통, 아궁이에 무쇠 솥, 장독대에 큰 항아리들이 대갓집의 전통을 보여주듯이 변함없이 그 자리를 지키고 있었다. 이 고고한 모습과 주위 풍경에 우리 부부는 단번에 마음을 뺏기고 말았다.

그날 이후 주말은 물론 시간만 나면 자주 찾아가 어설픈 농부흉내를 따라하기 시작했다. 처음엔 실수도 많이 했지만 친구 분 어머님과 이웃 주민들의 도움으로 밭 일구는 일부터 거름 주는 일 등 하나씩 배워나가는 재미에 푹 빠지게 되었다.

씨를 뿌리고 가꾸는 것부터 많은 어려움이 따랐다. 잡초는 뽑아도 뽑아도 무성하게 자라나 우리를 고단하게 했고 모기는 윙윙거리며 우리 곁을 떠날 줄 모르고 대들며 귀찮게 굴었다. 그래도 푸석거리는 밭이랑에서 뾰족이 내밀고 있는 새싹을 발견한 순간 신비함을 맛보며 힘든 줄 모르고 하루해가 저물곤 했다.

욕심껏 뿌려놓은 갖가지 채소들은 무럭무럭 잘 자라주니 먹고 남을 만큼 넉넉했다. 힘들게 거둔 것이라 우리에겐 귀하게 여겨졌지만 친척들, 이웃들, 친구네 골고루 나누어주며 향수를 전하고 싶었다. 그들에게 훈훈한 인정을 베푼 듯한 뿌듯함에 이럴 땐 내가 부자가 된 기분이다.

이렇게 풍성한 여름을 보내고 다시 밭을 일구었다. 무는 씨를 뿌리고 배추는 모종을 사다 갓난아기 보살피듯이 조심조심 어렵게 심고 왔다. 집에 도착해서 시골에서 수확해 온 호박잎, 가지, 풋고추로 푸짐한 저녁밥상을 기대하며 준비할 즈음에 전화벨이 울린다.

“지금 김치냉장고 배달가도 될까요?” “네…. 전화 잘못하신 것 같네요." 했더니 우리 딸 이름을 확인해주며 "그분이 보냈습니다." 하는 것이다. 그동안 조그마한 김치냉장고를 사용하다보니 김장 때마다 불편함을 겪어왔지만 선뜻 구입하기가 쉽지 않았다. 이런 엄마의 마음을 알고 있다는 듯이 상의도 없이 깜짝 선물로 사 보낸 것이다. 언제나 자신에게만 충실하고 따뜻함을 표현하지 않던 딸에게 조금은 서운함과 이런저런 불만을 갖고 있던 난 한조각의 미안함과 설명하기 어려운 죄책감에 눈물이 핑 돌았다.

대학 때부터 부모 곁을 떠나 학생들을 가르치며 어렵게 공부하면서 시간 쫓기던 일…. 기차역에서 떠나보낼 때마다 텅 빈 마음을 추스르기 힘들었던 일…. 여러 개의 지난 순간들이 스쳐 다가왔다. 부엌 한 곳에 자리 잡고 있는 김치냉장고를 닦고 닦으며 고마움과 흐뭇함에 푹 젖어 헤어나올 줄 모르고 있었다.

이때 친구 분 집에서 전화가 왔다. 며칠 전에 심고 온 배추 모종 반 이상이 흔적도 없이 사라졌다는 것이다. 처음 겪는 일이라서 황당하고 믿기지 않았다. 전화를 끊고 여기저기 배추모종을 구하러 다녀보았지만 쉽지 않았다. 역시 농사하는 것은 시기를 잘 맞추어야 된다는 것도 알게 되었다.

다시 친구 분 어머님이 시골장터에서 어렵게 구해오신 배추모를 물을 뿌려주며 정성을 다해서 심었다. 이웃 주민들의 얘기를 들어보니 새들이 어린 배추 잎을 가장 좋아해서 다 먹어치운 거란다.

봄부터 여름 내내 이름 모를 새들과 벗을 삼아 흥에 겨워 신나게 일할 수 있었던 기억을 떠올리며 미워할 수가 없었다.

올해는 어느 해보다 무, 배추에 더 애착을 갖고 벌써부터 푸짐하고 맛깔스러운 김치가 기다려진다. 배추밭 옆 깻잎의 높은 향기와 딸이 좋아하는 보랏빛의 화사한 도라지꽃의 자태는 자연이란 늘 같으면서도 싫증이 나지 않는다는 것을 보여주는 듯하다. 익는 곡식 냄새가 먼데서 흘러오는 이 가을에 딸이 보내준 분홍빛 김치냉장고가 자꾸만 눈앞에 아른거린다.

서울에서 온 썬과 쮸

여름 한낮에 깜박 졸고 있는데 전화벨 소리가 잠을 확 달아나게 했다.

서울에 살고 있는 딸의 목소리가 급하게 들려온다. '엄마 썬과쮸 데리고 갈게요.' 듣는 순간 짜증이 앞섰다.

서울에서 혼자 지내면서 적적하다고 몇 년 전에 애완견을 키우기 시작했는데 그 암컷은 본인이름 첫 자를 강조해서 쮸, 수컷은 본인이름 첫 자가 한자로 붉을 주인데 영어로 썬이라고 이름을 지어줬단다. 어이없는 해석에 피식 웃음이 난다.

어릴적엔 동물을 무서워하며 가까이도 못 갔는데 혼자 살더니 많이 변해 있었다.

초인종이 울린다. 뛰어나가 문을 열었더니 애완견 가방에서 두 마리가 놀란 눈으로 꼼지락거리고 있었다. 거실에 풀어 줬더니 낯선 곳을 알아차린 듯 두리번거리더니 얌전하게 쪼그리고 앉아있는 모습이 귀여웠다. 털이 아주 하얗고 영리해 보였는데 종류는 말티즈라고 했다.

나는 시골에서 자랐지만 집에서 기르는 소, 돼지, 개를 아주 싫어했고 겁도 많아 무서워했었다. 학교 가는 길 논둑에 소가 풀을 뜯고 있으면 그 옆을 쉽게 지나가지 못하고 친구들이 지나가고 한참 후에 겨우 갈 수 있었다.

돼지우리에 거름을 치운다고 마당에 돼지를 잠시 풀어놓는 날엔 나는 방안에서 나오지도 못하는 겁많은 아이였는데 서울에서 온 애견들을 어찌할꼬?

이런 내 마음도 아랑곳하지 않고 딸은 바쁘다는 이유로 애견용품을 모두 챙겨 썬과쮸를 대전으로 이사를 시킨 것이다. 다행히 남편과 아들은 동물을 좋아해 환영한다며 기쁘게 받아 주었다.

아버지가 개를 좋아하셔서 시골집에는 늘 어미 개와 새끼들이 넘쳐났는데 이름도 검둥이, 복실이 바둑이로 불렀던 기억이 난다. 마루 밑에서 옹기종기 앉아있었고 겨울엔 춥다고 부엌에 들여놓아 나무더미 옆에서 웅크리고 있었는데 나는 꿈틀거리는 모습이 싫어서 눈길도 주지 않았다.

요즘은 가족의 일원으로 애완견을 기르는 사람들이 늘고 있다고 하는데 내가 그럴 줄이야 이거 참 고민이 생겼다.

딸이 간다고 현관문을 열고 나가는데 주인을 따라가겠다는 시늉인지 승강기 안으로 먼저 폴짝 뛰어 들어가 남편과 아들이 두 마리를 끌어내려하니 마치 어린아이가 엄마한테 안 떨어지려고 보채듯이 궁둥이를 뒤로 쑥 내밀고 끙끙대며 내려오지 않겠다는 표정을 한다. 딸은 매일 전화로 개들이 낯선 곳에서 적응하며 잘 지내는지 안부를 묻고 보고 싶다며 사진을 찍어 보내달라고 했다.

그래도 교육은 잘 시켜온 것은 소변 대변을 꼭 지정된 장소에서만 보며 그것도 기저귀를 깔아줘야만 볼 일을 보는 것이 신통하기만 했다. 이런 깔끔한 습관은 서서히 나를 감동시키기 시작했다. 사료나 물도 지정된 것만 먹고 집안에 전깃줄이나 집기들을 씹거나 말썽을 부리지 않고 사람과 소통을 제법 잘 해주었다.

전국에 애완동물을 기르는 사람들의 수가 많다고만 들었는데 직접 경험해보니 외로운 사람에게는 정을 안겨주고 웃음을 전한다는 것을 알았다.

동물을 싫어하던 나도 점점 친숙해지면서 말은 못해도 얼마나 주인이 그립겠나 싶어서 애틋해 보이기도 한다.

서울에서 왔을 때 얼마동안은 하루해가 지고 어둑어둑해지면

현관문 앞에 엎드려 슬픈 표정을 하고 승강기 멈추는 띵 하는 소리만 들려도 귀를 쫑긋 주인을 기다리는 모습은 사람과 다를 게 없었다. 이럴 때마다 쮸썬을 앉혀놓고 언니 서울에서 안 온단다. 이리와 하면서 달래주었더니 고개를 꼿꼿이 세우고 놀란 눈으로 알아듣기라도 한 것처럼 더욱 슬픈 표정을 짓는다.

우리 딸 말로는 명품 말티즈라서 비단처럼 털이 반들거리고 사람들과 소통을 하며 똑똑하다고 하는데 밖에 산책을 나가면 예쁘고 귀엽다는 말을 자주 듣는다.

가족들이 바나나, 산책, 목욕 이 세 단어는 아주 작게 말해야 한다. 바나나와 산책을 너무 좋아해서 그렇고 목욕은 싫어하기 때문에 그렇다. 귀가 명품인지 소곤거림도 귀신같이 알아차리니 신기할 때도 여러 번 있다.

애완 인구가 늘어나면서 몇 개월에 한 번씩 털 미용을 하려면 일주일 전에 예약을 해야만 겨우 차례가 돌아온다. 그것도 입소문으로 기술 좋은 곳을 찾아가야 한다. 우리들이 단골 미용실을 찾아가듯 썬과쮸도 처음엔 여러 곳을 다녔는데 지금은 동물병원과 미용을 지정해 주었다.

나는 투덜거린다. 미용요금도 비싸고 동물병원비는 보험도 적용받지 못해 부담이 되니 말이다. 사료, 간식, 기저귀 값을 합치면 사람과 거의 똑같은 생활비가 들어간다.

큰 박스 택배가 왔다. 주소는 맞는데 받는 사람이 썬과쮸라고 적혀있다며 누구냐고 택배아저씨가 묻는다. 우리집 개 이름이라고 했더니 어이없다는 듯 껄껄 웃는다. 서울에서 딸이 썬과쮸에게 보낸 것인데 간식이 가관이다. 소고기, 닭고기통조림, 과자 종류를 보더니 남편이 부모 드시라는 간식은 안 보내고 개만 중요하게 여긴다며 진담 섞인 농담을 던진다. 우리 집은 택배만 오면 개들이 당연히 저희들 간식이 온 걸로 알고 짖어대며 박스를 풀어 확인해 줘야만 조용해진다.

가끔 신문이나 뉴스에서 인간과 동등한 대접과 사랑을 받는다는 애완견들의 하루의 일상을 소개하는 것을 보았는데 최고급 시설에서 수영도 하고 무공해 식품으로 간식을 손수 만들어 시간 맞추어 먹이고 개전용 침대에서 편안히 휴식을 취하게 한다고 했다. 정성과 사랑이 넘쳐나 보였다. 나는 썬과쮸가 서울에서 우리 집에 온 지 거의 삼년이 지났는데도 아직 사랑으로 포옹 한번 못해주었는데 반성하게 되었다.

남편과 아들이 밖에서 돌아오면 반갑다고 꼬리를 흔들며 두 팔을 치켜세우고 아주 요란하게 반기는데 내가 외출해서 돌아올 땐 아예 얼굴도 내밀지 않고 무관심이다. 요녀석들도 내가 싫어하는 것을 용케 알아차리고 곁에도 오지 않고 빙빙 돌아서 비켜간다.

동물을 싫어하는 사람은 대부분이 겁도 많아서이기도 하지만 성격의 결함도 포함될 수 있다고 하는데 나는 아무래도 둘 다 해당되는 까칠한 아줌마임에 틀림없는가보다.

딸은 전화로 종종 "엄마 우리 애들 좀 예뻐해 주세요. 잘 부탁해요." 하는데 나는 버럭 소리를 지르며 "야, 누가 들으면 너 자식있는 엄마로 여길 것 같으니까 제발 그렇게 표현하지마." 라고 따끔하게 주의를 준 적이 있다.

개는 처음 맺은 주인을 충성심으로 잊지 않는다고 들었는데 썬과쮸도 서울에서 딸이 오면 찰싹 달라붙어 다른 사람은 본체만체한다. 역시 대전의 가족들은 함께 살긴 해도 그 녀석들에겐 주인이 될 수 없나보다.

주말이면 산책을 하던 서울 한강변을 그리워하고 주인을 애타게 기다리는 말 못하는 동물 썬과쮸에게 사랑을 줄 수 있도록 노력해야 할 것 같다.

주인을 따라 가려고 몸부림치던 모습이 자꾸만 아른거려 가슴한 귀퉁이가 짠하다.

하얀색 자가용

눈발이 흩날리던 날 주인을 잃고 스르르 미끄러져 남의 손에 끌려가는 나의 자가용을 멀리 사라져 보이지 않을 때까지 배웅을 했다.

눈보라를 맞으며 '잘가라 그동안 고마웠단다.' 혼자 중얼중얼 작별인사를 하고 서운함에 한참을 서성이며 그 자리에 머물러 있었다.

몇 년 전에 구입한 소형자동차이지만 내겐 아주 소중했었고 편리함을 안겨주었다.

오랜 시간을 내가 가는 곳마다 함께 했었던 자동차와 이별을 하고 며칠째 서운함이 가시지 않아 다시 찾아오고 싶은 마음이 아이처럼 내 자신에게 보채고 있다.

정이란 사람과 사람에게만 느끼는 것이 아니라 내가 아끼며 지니고 있었던 물건에도 애착심이 정으로 둔갑이라도 한 듯 허전하고 마음마저 짠하기만 하다. 다시 찾아올 수만 있다면 그렇게 하고 싶다는 내 속내를 들키고 싶지 않아서 며칠 동안 끙끙 참아내고 있었다. 십년 가까이 나와 같이 늙어가면서 때로는 짐꾼이 되어 주었고 험한 길도 안전하게 데려가 주었는데 끝까지 지켜주지 못한 것에 미안함으로 밀려온다.

주말이면 시골 텃밭으로 씽씽 달려가 밭일을 마칠 때까지 뜨거운 햇빛 아래서 묵묵히 기다리던 하얀색 나의 애마! 달구지가 되어 온갖 채소들을 실어 나르며 가족들 건강을 돌보느라 흙먼지 뒤집어 쓴 채 집 앞에서 늘 기다려주던 모습이 더욱 그립게 한다.

같이 쌓아온 추억이 셀 수 없이 많다. 내가 좋아하는 온천욕을 따라간 것은 수없이 많고 친구들 태우고 맛집에 찾아다닐 때, 그윽한 찻집에 앉아 긴 수다에 기다려주며 집까지 목적지까지 투덜대지 않고 안전하게 임무수행 해주던 하얀 자가용이었다.

가족들 모셔오기, 배웅하기는 단골이었다. 기차시간 맞추어 역전으로, 고속버스 시간 맞추어 터미널로 허둥대며 늦지 않으려고 신호등 안내 받으며 제법 모범생 티를 낼 때는 답답하기도 했지만 고장내지 않고 임무수행을 잘 마치던 그 자가용이 보이지 않는 지금 쌓아 온 추억만 더듬게 된다.

아들이 군인 제대하고 돌아왔을 때 운전연습을 무사히 마쳐 주었고 초보운전이라고 크게 붙이고 도로를 질주할 때 여기저기 부딪쳐 흉하게 상처를 입고 초보를 뗄 때까지 시달리면서 겁많은 아들을 태우고 학교로, 직장으로 끌려다니기도 했었다.

시대에 흐름에 따라 나도 자가용을 갖게 되었지만 예전엔 감히 상상조차 할 수 없는 일이다. 시골에서 읍내에 한 번 나가려면 포장되지 않은 신작로 길을 버스타고 다녀오면 하루가 다 지나는 불편한 시절도 있었는데 요즘은 현관문 밖에서 자가용이 기다리는 세상이다. 내가 건강을 잃고 수술 후 모든 것에 의욕없이 시들시들거릴 때 남편이 하얀색 차를 사주면서 다시 일어설 수 있게 희망과 활력을 안겨주었다.

그 차를 타고 시장에 나가 많은 사람들의 살아가는 모습을 보고 자신감을 얻게 되었고, 도서관에 가서 읽고 싶은 책도 대여해 오며 가슴 뿌듯했고, 내가 가고 싶은 곳을 편리하게 쫓아다닐 수 있다는 것에 기분도 한층 밝아지면서 건강도 좋아졌다.

집 근처에 살고 있는 친구들을 태우고 온천욕을 하고 오는 날엔 서로 얼굴을 맞대고 한마디씩 주고받는 말에 '야! 몇 천원으로 느끼는 이 기분' 하면서 작은 것에 행복하다는 친구들이 소박한 웃음 지을 때 나도 날아갈 듯 청결함까지 곁들여 행복했다.

그 친구들을 집 앞까지 한 사람 한 사람 내려주며 왁자지껄 수다에서 벗어나 안전하게 나를 내려놓고 쉴 수 있었던 자가용은 밖에서 비 맞으며 눈 맞으며 외롭게 버텨 주었다.

그런데 오십 후반의 나이로 들게 되면서 외출하는 횟수도 줄어들게 되었고 운전하는 것도 싫게 되고 차를 세워놓는 날이 점점 많아지게 되었다. 그래서 가정경제도 살 찌워야 할 것 같아서 남편에게 내 차를 팔고 싶다고 제안을 한 것인데 어느 날 알고 지내던 차와 관련된 일을 하는 분에게 이런 의향을 말했더니 바로 차를 가지러 온 것이다.

나는 차 상태가 어떤지 보러 온 걸로만 알고 있었는데 갑자기 차 안에 넣어둔 물건들을 하나씩 꺼내면서 정리를 하라는 것이다. 서로 믿는 관계였기 때문에 쉽게 키를 건네주고 물건을 꺼내 정리를 했지만 눈이 흩날리는 날 엉금엉금 끌려가듯 사라지던 흰색 자가용의 모습은 아직 선명하게 내 가슴에 남아있다.

나는 스스로 위안을 받고 싶은 것인지 아니면 잊으려고 애쓰려고 한 것인지 가족들에게, 친구에게 '나 차 정리했어.' 백수가 놀면서 차 보험료나 기름값 아껴야 할 것 같아서 얼마받고 팔아버렸더니 우리집 경제정책을 잘한 것 같아 뿌듯하다고 가식섞인 말을 건넸다.

이렇게 며칠은 마음이 어수선하고 아파트 베란다에서 밖을 내다보며 흰색 차가 주차돼 있는 것만 봐도 내 차로 착각을 하며 외출할 때는 밖에서 기다리고 있는 것만 같았다.

며칠 후 차 이전하는 서류를 떼서 보내달라는 연락을 받고 모두 보내주면서 서운함도 이젠 떨쳐버려야겠다고 결단을 하고 남의 소유가 되었음을 인정하리라 굳게 막을 내렸다.

이제부터 대중교통을 자주 이용하게 되었는데 시내버스 노선을 몰라 묻기도 하고 인터넷 검색도 해보고 목적지를 찾아가는데 실수도 잦았다. 엉뚱한 방향에서 내려서 황당한 일도 있었고 요금을 잘 몰라 기사님에게 기어들어가는 소리로 묻는데 이상한 사람으로 보듯 다시 쳐다볼 때는 얼굴이 화끈거렸다.

지금은 지하철도 척척, 버스도 척척 환승하는 것까지 아주 정상적인 생활에 잘 적응하고 있다. 사실 환승하는 것은 조금 늦게 알게 되어서 지하철에서 내려서 바로 버스로 갈아타면 될 것을 걸어서 목적지를 간 적이 몇 번 있었다.

대중교통을 이용하면서 여러 사람들의 표정을 보는 재미도 쏠쏠하다. 듣는 얘기도 여러가지다. 핸드폰을 하면서 주위 아랑곳하지 않고 큰소리로 사적인 말을 쏟아내는 사람, 아줌마들은 수다에 깔깔 웃음소리 덩달아 나도 따라 슬쩍 입가에 미소만 지을 때도 있었다.

자가용 타고 다닐 때는 친구들의 수다가 밖으로 튀어 나가지 않아서 얼마나 요란스러운 것인지 몰랐는데 몸짓 하나 웃음소리 모두 조심해야겠다는 반성의 기회도 갖게 되었다.

아파트 관리사무실에서 안내방송을 한다. '주차문제가 심각한 상황이라며 한 가정에 두 대 이상 소유주는 관리비에 몇 천원을 부과한다.' 는 내용이다. 각 아파트나 주택골목까지 주차문제로 이웃 간에 다투는 일이 벌어지고 있다는 것을 종종 듣게 되는데 이참에 내가 정리하길 잘했다고 여겨진다.

멀리 떠난 하얀색 자가용엔 나의 체취와 손자국이 그대로 남아 있을텐데 낯설은 곳에서 새 주인을 만나 적응을 잘 했으면 하는 바람만 남아있다.

겨울 코트 주머니에서 차 열쇠를 발견했다. 보조열쇠로 남겨 두었던 것인데 마치 내 차를 만나기라도 한 듯 반가움에 주머니에 손을 넣고 재회의 순간을 놓치고 싶지 않아 주먹으로 따뜻하게 감싸 주었다.

그래도 눈보라 속으로 사라진 하얀색 내 자가용이 또 아른거린다.

손님 오던 날

며칠 전부터 집안 청소를 하고 가구들 위치도 바꾸어 보며 수선을 떨었다. 그리고 자주 하지 않던 요리를 준비하느라 갖가지 식품재료를 구입하기에 시장을 몇 번씩 오고가며 바쁘게 돌아다녔더니 피곤이 밀려온다.

나이가 서른 넘은 딸이 남자친구를 부모님께 처음 인사시킨다고 연락이 왔기 때문이다.

예로부터 내 집에 찾아오는 사람을 손님이라고 일컬었던 것으로 기억한다. 자주 만나는 사람이라도 밖에서 볼 때와 달리 집으로 찾아오면 손님으로 여기게 되며 편안한 마음으로 과일과 차 대접을 하는 모습을 볼 수 있다. 그런데 이번엔 내 집에 찾아오는 사람을 높임말로 표현한다는 귀한 손님을 맞게 된다는 것에 더욱 마음이 쓰인다.

그동안 친구들이 청첩장을 보내오면 부러웠는데 딸이 남자친구를 인사시킨다니 설레는 마음으로 기다려진다.

서른이 훌쩍 넘도록 짝을 못 만나 은근히 나는 초조했고 주위에서 중매도 여러 번 들어와서 맞선도 보곤 했는데 매번 잘 이루어지지 않았다.

그렇게 여러 번 선을 볼 때마다 키가 어떻고 얼굴이 어떻고 하며 트집만 꼬집어 냈는데 어찌된 일인지 맘에 든다는 남자를 부모님한테 소개시켜준다니 더 궁금할 뿐이다. 그리고 가정, 직장 모두 반듯한 청년들이었는데 이루어지지 않았을 때 중매로 애써 주신 분들에겐 미안함과 관심주신 것에 정말 면목 없었다.

친지 친구들 자녀결혼식에 참석할 때마다 우리 자식들은 성격이나 외모가 부족한가? 아니면 요즘 젊은이들이 바라는 조건에서 밀리는 것인가? 혼란스러운 마음으로 부럽기만 했었다. 물론 혼인이라는 것은 쉽게 결정하기 어렵고 신중한 것은 옳은 줄 알고 있지만 우리 아이는 유별난 신중함에 괜찮은 사람들 몇 명을 놓친 것같아 아쉽기도 했다.

선을 자주 보게 했더니 웃지 못할 에피소드도 자주 있었다. 중매

해주신 분에게는 엄마생각대로 당연히 본다고 대답했는데 딸이 안보겠다고 할 때 카드까지 내주며 예쁜 옷 사입고 나가라고 겨우 달래어 비위를 맞춘 적도 있었고, 어느 날은 선보고 나오자마자 다짜고짜 엄마를 원망하며 당장 청심환을 사먹어야겠다고 했다.

진정시키고 왜 그러냐고 물었더니 젊은 청년이 머리카락이 거의 없다고 했다.(심한 대머리)

그 순간 폭소가 터질 뻔한 걸 겨우 참고 위기를 넘겼나 싶었는데 딸의 항의가 요란해서 깜짝 놀랐다. "엄마는 내가 가장 싫어하는 조건이 대머리라는 것도 몰라요?" 사진으로 미리 확인도 하지 않았다며 짜증을 내더니 전화를 끊는 것이다.

나는 무조건 중매가 들어오면 고마운 마음에 보겠다고 했었는데 딸이 싫어하는 조건을 잊고 있었던 것이다. 전화를 끊고나니 그때서야 아이가 했던 말들이 기억나기 시작했다.

첫째 머리카락(대머리) 없이 홀라당 벗겨져있으면 딱 질색이라고 했었고, 키 작으면 안 되고, 얼굴에 여드름이 심하면 안 되고, 아주 작은 눈은 싫다고 했던 것들이 떠올랐다.

지금 생각해보니 선은 자주 보았지만 이루어지지 않은 것엔 엄마 책임도 있는 것 같다.

욕심이 앞선 것인지 친척이나 이웃에서 소개를 해주시면 딸에게 만나보라고 무조건 권유했기 때문이다.

그런데 인연이 아니었는지 아니면 과분한 사람들 앞에서 자신의 이상을 굽힐 줄 모르고 빳빳하게 세우기만 한 탓인지 순조롭지 않았다. 특히 머리카락 문제, 또 얼굴에 여드름이 쫙 퍼져있는 사람 만나고 온 날도 나는 여지없이 딸과 언쟁이 시작되었다.

엄마가 살아보니 외모는 중요하지 않다, 사람 됨됨이를 보거라, 몇 번을 충고했지만 아직 철이 없는 것인지 고집을 부리더니 이번엔 남자를 데려온다니 기대가 된다.

서울에서 기차를 타고 집에 도착한다는 시간에 음식도 준비하고 집안을 다시 정돈하고 나도 옷매무새를 매만지며 약간의 긴장과 기대치가 엇갈릴 즈음 초인종이 울렸다.

문을 여는 순간 큰 키와 반듯한 인물이 가장 빨리 눈에 들어왔다. 역시 딸이 원하는 사람임에 틀림없구나 하는 것을 대번 알아차렸다.

현관에서 꽃바구니를 내게 건네주며 목례를 하고 거실로 들어오는데 어색한 만남에 조심스러웠다.

남편이 그쪽에 대해 궁금한 것들을 물어보며 대화를 하면서 조금씩 긴장을 풀고 식사를 했다. 편식하지 않고 잘 먹는 모습은 호감을 갖기에 충분했다.

"내 집에 오는 손님 섭섭하게 대접하면 안된다."고 늘 말씀하셨던 친정어머니 생각이 순간 떠올라 편안하게 식사하도록 이름난 식당에서 볼 수 있는 흉내를 내며 시중을 자처하고 나서서 식사를 마칠 때까지 옆에서 서성거렸다.

차와 과일을 들며 나는 관상가가 된 듯 눈, 코, 귀 하물며 손까지 관찰하며 손님에게 들킬까봐 눈치껏 힐끔대며 훔쳐보았다.

그래도 궁금증이 많아 지금 내가 면접관으로 변신한 것이 손님에게 실례를 범한 것 같았는데 바로 내 마음을 알아차리기라도 한 듯 솔직하게 자신의 계획과 가족소개, 성장과정 등을 차분하게 조근조근 풀어놓으면서 슬슬 풀리게 되었다.

무엇보다 술과 담배를 전혀 못한다니 가장 안심이 되었고 섬세함과 성실한 품성을 딸이 자랑했는데 역시 우리 아이 판단과 선택이 옳았구나! 믿을 수 있었다.

손님이 오는 날엔 내가 살았던 농촌에서는 이른 아침부터 댑싸리 빗자루로 앞마당을 곱게 쓸어 단장하고 대문 앞 골목까지 말끔하게 쓸어놓고 정갈한 마음으로 손님을 기다렸던 부모님의 소박함을 엿볼 수 있었는데 나는 오늘 허세와 집착만으로 똘똘 뭉쳐 손님을 맞이한 것이 아닌지 마음 한 켠이 빈약해온다.

꿈에서 막 깨어난 듯 설레임은 아직 그대로인데 서녘으로 기우는 가을햇살은 노을을 마주보고 손님을 배웅한다.

가을 문턱에 찾아온 손님이 소중한 인연이 되어 탄탄한 사랑의 수확으로 거둬들일 수 있었으면 하는 바람인데 딸의 신중함이 언제 돌변할지 조마조마하다.

비록 봄이 오려면 한참 기다려야겠지만 훈훈한 봄바람에 사랑의 꽃망울이 기다려진다.

돌아보며

글은 태초부터 존재했습니다. 동굴 속에 벽화로, 혹은 문자도형으로 생활 속의 이야기를 남겨 놓았습니다.

30여 년 동안 부부로 살면서, 각자 주어진 시간에 표현하는 방법은 달랐습니다. 나는 그림을, 아내는 문학을 택했습니다. 창작이란 한순간에 이루어지는 것은 아닙니다. 여러 번의 실패와 고뇌 속에서 자신을 발견하게 되며, 조금씩 쌓아가는 것입니다.

아내는 한편의 글을 엮어가기 위해 쓰고 지우기를 수 없이 반복했으리라 생각합니다. 표현할 수 없는 세계, 아픔을 달래기 위해 가슴앓이를 하며, 책상 앞에 앉아 고뇌하기도 했을 것입니다.

시작은 늦었지만, 훌륭한 교수님의 지도를 받으며 문우들과 함께 배움의 열정을 활활 태웠습니다. 지켜보는 나도 덩달아 부추겼던 기억이 엊그제 같습니다.

아내는 서울에서 세 번의 큰 수술을 받았습니다. 모든 것이 한꺼번에 와르르 무너져 버린 것처럼 의욕을 잃고 말았는데, 옆에서 희망을 불어넣어주며 보살폈던 내 작은 정성 탓인지 문에 창작 공부에 도전해보고 싶다고 했습니다.

순간, 아, 이젠 고통을 이겨내고 어릴 적 꿈을 향해 뚜벅뚜벅 걸어나갈 것 같은 생각이 들었습니다. 아내의 용기에 안심이 되었습니다. 의학의 도움으로 건강을 되찾아 덤으로 살고 있는 당신! 윤기 자르르 반짝이는 글이 아니더라도 자랑스럽습니다. 꼼지락거리며 내 옆에 기대고 있다는 것만으로도 한 없이 고마울 뿐입니다.

이제 한권의 책 속에서 자연을 사랑하며 살아온 세월을 되돌아볼 수 있게 되었습니다. 진정한 삶의 밑거름이 될 것으로 생각합니다. 앞으로 건강을 잃지 않는 범위 안에서 문학의 불길을 활활 태우기 바랍니다. 여러 문인들의 격려와 관심으로 아름답게 자신을 채워가길 바랍니다.

여유롭지 못한 살림과 병환 중에도 책들과 씨름하던 아내의 모습을 오래도록 볼 수 있기를 기대합니다. 끊임없는 열정으로 더 큰 꿈을 향해 알차게 수확하기를 바라면서, 나도 쉬지 않고 도움을 주고 싶습니다.

끝까지 포기하지 않고 건강을 회복해 고맙습니다. 빛나는 도전으로 자그마한 결실을 맺게 된 것을 존경하며 사랑합니다. 아직도 병상에서 아픔을 호소하는 96세 장모님과 함께, 첫 번째 수필집 출간의 기쁨을 나누고 싶습니다.

편집을 도와주신 관계자 분들께 고마움을 전합니다.

2013. 초봄에

남편 고 명 성

엄마의 지팡이

송심순 에세이

발 행 일 | 2013년 4월 10일
지 은 이 | 송심순
발 행 인 | 李憲錫
발 행 처 | 오늘의문학사
출판등록 | 제55호(1993년 6월 23일)
주 소 | 대전광역시 동구 삼성1동 125-6 한밭오피스텔 401호
전화번호 | (042)624-2980
팩시밀리 | (042)628-2983
홈페이지 | http://www.lito77.co.kr(홈페이지)
전자우편 | hs2980@hanmail.net

공 급 처 | 한국출판협동조합
주문전화 | (070)7119-1741~2
팩시밀리 | (031)944-8234~6

ISBN 978-89-5669-552-5
값 10,000원